Actiones 2

Arbeitsheft
zu den Lektionen 21–40

Martin Holtermann
Irmgard Meyer-Eppler

Günter Laser
Barbara Verwiebe

Sophie Quere 8b

Ernst Klett Schulbuchverlage
Stuttgart · Leipzig

21.1 Implenda

Infinitiv Präsens	Indikativ Präsens	Futur I	Konjunktiv Präsens
expellare	expellunt	expellent	expellant
suspicari	suspicamini	suspicabimini	suspicamini
arbitrari	arbitrator	arbitrabitur	arbitretur
proficer	proficiscèris	proficisceris	proficiscaris
consuler	consulo	consulam	consulam

21.2 Mehrdeutig

In folgenden Wörtern fehlen einige Vokale. Welche Formen lassen sich jeweils bilden, wenn man die Vokale wieder einfügt? Überlege auch, welche Formen du eigentlich gebildet hast.

a) ag_e_t   ag_i_t   ag_a_t

b) proficisc_i_mini   proficisc_e_mini   proficisc_a_mini

c) suspic__ris   suspic__ris

d) laudab_o_r   laudab_a_r

21.3 Gefahr!

Kaum war die Republik eingerichtet, da versuchte ein Etruskerkönig die Herrschaft der Tarquinier wiederherzustellen. Hier kannst du herausfinden, wie er hieß.

Gen. Pl. zu consul
1. Pers. Sg. Konj. Präs. Pass. zu vincere
1. Pers. Sg. Ind. Präs. Pass. zu arripere
Gen. Sg. zu lex

PPP Dat. Pl. zu accipere
1. Pers. Sg. Ind. Präs. zu labi
Akk. Pl. zu tempus
PPA Nom. Sg. zu arbitrari
Imp. Sg. zu suspicari
Gen. Sg. nd-Form zu vexare
Imp. Pl. zu fungi
Nom. Pl. zu caput

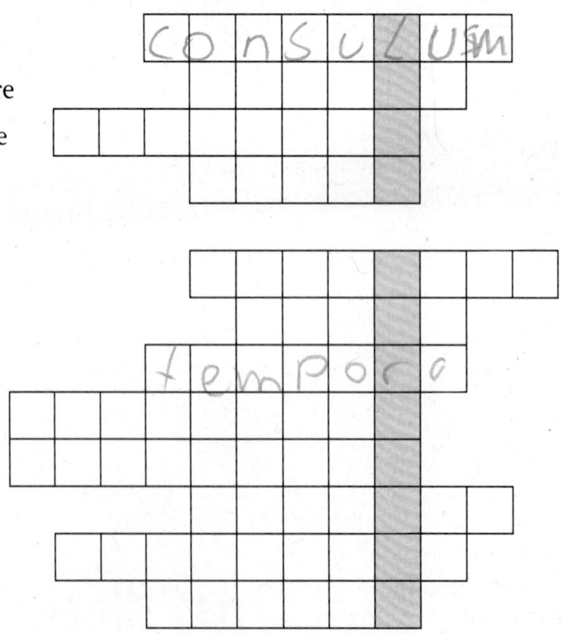

Der Etruskerkönig hieß _ _ _ _ _   _ _ _ _ _ _ _ _ _ _ _.

21.4 In Rom und aus Rom und um Rom herum

Kurz nach der Gründung Roms herrschte allenthalben reges Treiben. – Bilde aus den Wörtern auf den Bauklötzchen passende Sätze.

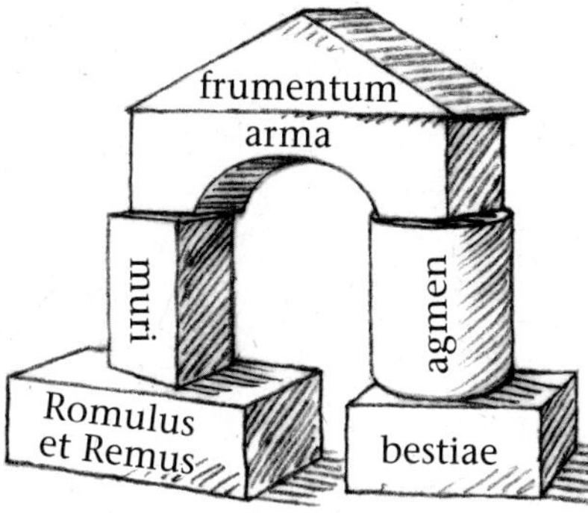

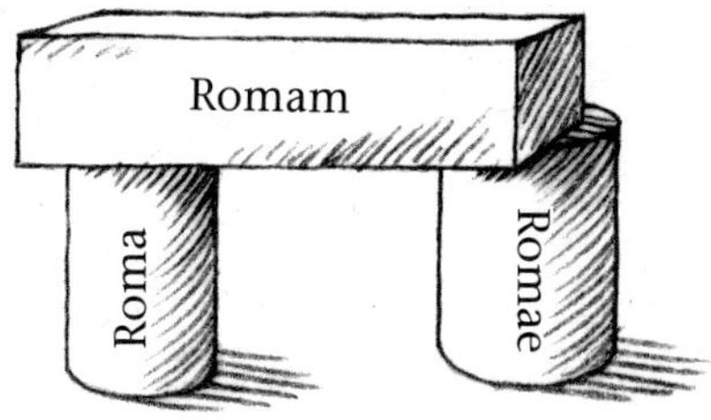

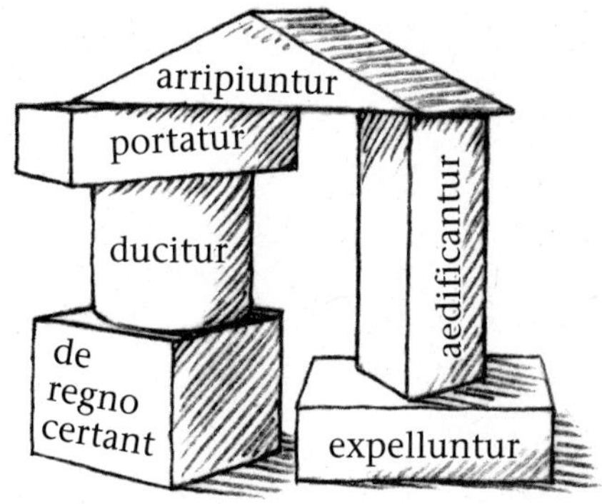

21.5 Vorschriften

Galten die folgenden Regeln in der römischen Republik? – Wenn du unsicher bist, vergleiche mit dem i-Text im Buch, S.10.

	verum	falsum
a) Nemo munere fungatur sine collega.	☐	☐
b) Cuncti homines ab omni munere vacent.	☐	☐
c) **Consules** magistratus creent.	☐	☐
d) In maximis periculis **dictator** rem publicam administret.	☐	☐
e) **Praetores** iustitiae consulant.	☐	☐
f) Nobilitas in comitia vocetur.	☐	☐
g) **Senatores**, qui se indignos[1] praebent, e magistratu expellantur.	☐	☐
h) Sex **aediles** gladiatores adiuvent.	☐	☐

[1] indignus: unwürdig

21.6 Sorgen des Romulus

Diese Gedanken gingen Romulus durch den Kopf, als er auf dem Palatin stand:

a) Urbem in Aventino monte condam?

b) Urbem muris firmis muniam?

c) Cum fratre de imperio pugnem, an urbem regamus una?

d) Quo modo incolas in urbem meam vocabo?

e) Exercitum parem?

f) Etiam feminis[1] persuadeam Romam sedem idoneam esse?

[1] femina: Frau

21.7 Anders gesagt

Früh am Morgen gibt Atticus allerlei Anweisungen. – Forme sie in den Coniunctivus iussivus um.

a) Quinte, apporta tabulam! ______________________

b) Caecilia, arcesse fratrem! ______________________

c) Quinte, Caecilia, venite! ______________________

d) Me sequimini! ______________________

e) Nolite magistrum irridere! ______________________

21.8 Der, die, das

Der, die und das sind die deutschen bestimmten Artikel – aber könnten es vielleicht auch lateinische Formen sein? – Überlege, von welchen Wörtern sie kommen, und bestimme sie.

das ______________________

der ______________________

die ______________________

21.9 Sehr witzig

„Puto me vidisse faciem tuam alio loco, puer."
„Mirum est, domine. Semper eam porto hic in capite meo."

Die Funktionen des Ablativs

Die Ablativ-Funktionen findest du in **9 G1; 10 G3; 15 G2** und **19 G1.**

21 W 1 Bezeichnungen und Fragen

Ordne die Bezeichnungen der Ablativ-Funktionen den richtigen deutschen und lateinischen Fragewörtern zu. – Ein lateinisches Fragewort ist dir neu, aber du kannst es leicht erschließen.

Ablativus ...	Wie fragst du?	Quomodo rogas?
locativus		
sociativus		
temporis		
separativus		
modalis		
instrumenti		
causae		
mensurae		
qualitatis		
des Urhebers		

von wem? warum? wann? wie beschaffen? wo? (um) wie viel? mit wem? womit? auf welche Weise? von wo?

quocum? quando? ubi? qua re? a quo? qualis? unde? cur? quomodo? quanto?

21 W 2 Anwendung 

Unterstreiche die Ablative, gegebenenfalls mit zugehöriger Präposition, und bestimme ihre Funktion.

a) Romani Tarquinium, regem iniustum, vi et armis expulerant. ____________

b) Is ad Porsennam fugit, regem Clusii et virum summa nobilitate. ____________

c) Nonnullis diebus post Porsenna Tarquinium adiuvare constituit. ____________

d) Una cum illo magnoque exercitu Romam oppugnavit. ____________

e) Quo impetu senatus populusque Romanus dolebat. ____________

f) E Clusio, ex urbe Porsennae, exercitus Romae appropinquavit. ____________

g) In agris trans Tiberim sitis ad pugnandum constitutus est. ____________

h) Eo die vir, cui nomen Horatius Cocles fuit, hostibus restitit. ____________

i) Solus in primo aditu pontis[1] stans hostes defendebat. ____________

k) Ceteri omnibus instrumentis pontem[1] deleverunt. ____________

l) Hostes Tiberim superare non iam poterant; ita urbs Roma ab uno viro servata est. ____________

[1] pons, pontis *m.*: Brücke

22.1 Formen erkennen mit Gewinn

Bestimme die angegebenen Formen ganz genau; dabei hilft dir die Leiste, die darüber abgedruckt ist. Markiere jeden Buchstaben, der an der richtigen Stelle steht. So erfährst du die Namen von zwei römischen Feldherrn, die Hannibal besiegt hat.

	1.	2.	3.	Sg.	Pl.	Ind.	Konj.	Präs.	Fut.	Imperf.	Akt.	Pass.
statuerentur	a	b	l	f	u	g	c	s	t	i	o	u
imperares	i	s	h	a	s	t	e	x	r	m	i	f
traicitur	a	n	l	i	o	u	q	s	u	l	n	p
caveamus	a	b	c	d	u	i	l	l	m	n	u	s
educereris	h	s	t	g	b	f	a	r	t	i	t	u
circumdabamini	c	s	r	r	t	e	b	g	f	r	m	e
clauderemur	n	x	s	n	t	c	i	o	s	u	a	s
ponetis	s	v	x	l	a	r	p	q	r	s	o	t

Die beiden Feldherren heißen

_ _ _ _ _ _   _ _ _ _ _ _ _ _   _ _ _ _ _ _ _ und

_ _ _ _ _   _ _ _ _ _ _ _ _ _   _ _ _ _ _.

22.2 Hannibal ad portas!

Als Hannibal vor den Toren der Stadt stand, verbreiteten sich Gerüchte:

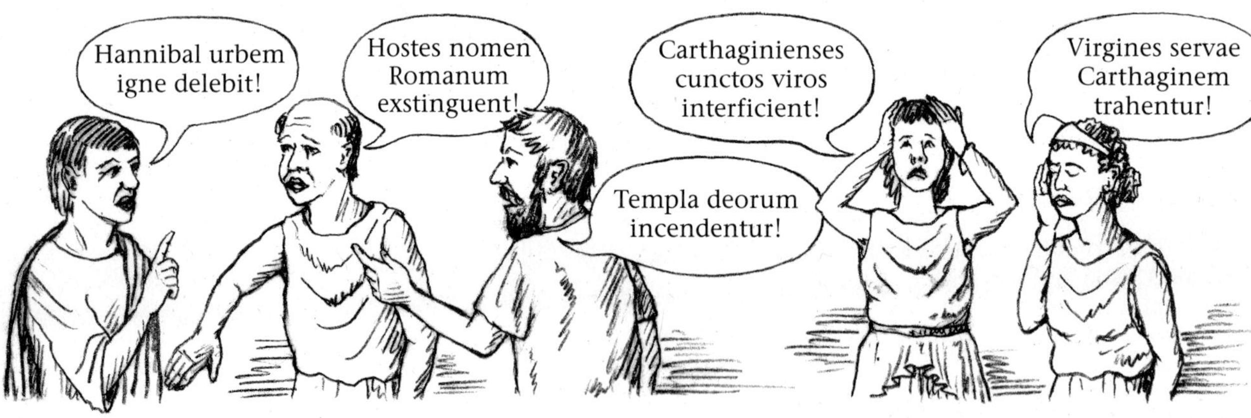

Und so könnte es heute in einem Lateinbuch stehen. – Wandle um; du brauchst dazu den Konj. Imperf.

Romani timuerunt, ne Hannibal urbem igne *deleret* ____________________.

Romani timuerunt, ne ____.

Romani metuerunt, ne ____.

Nonnulli etiam metuerunt, ne ________________________________.

Periculum erat, ne ____.

22.3 Wie bekommt man Elefanten über einen Fluss?

Wenn du die folgenden Sätze übersetzt, wird dir auffallen, dass Hannibal nicht alles allein gemacht hat. Wenn klar ist, dass seine Leute die Arbeiten erledigt haben, kannst du auch das Verb „lassen" verwenden.

a) Hannibal elephantos trans flumen traicere constituit.
b) Ratem[1] longam aedificavit, quae retinaculis[2] firmis in loco suo tenebatur.
c) In quam coniecit terram, nam providere voluit, ut ratis[1] speciem terrae firmae praeberet.
d) Alteram eius modi ratem[1] ad primam alligavit[3]; in qua elephanti quasi in nave flumen traiecerunt.

[1] ratis, ratis *f.*: Floß – [2] retinaculum: Seil – [3] alligare: anbinden

22.4 Eine Botschaft

Hasdrubal, Hannibals Bruder, ist Statthalter der karthagischen Gebiete in Spanien. Gerade hat er eine Lagebesprechung mit seinen Beratern. Ein römischer Spion belauscht sie und notiert, was er gehört hat. In der Eile vertauscht er aber bei jedem Verb die Silben. – Kannst du den Bericht korrigieren?

a) (me-o-ti) ____________________, ne Hannibal in magna necessitate sit.

b) Frater enim, qui in Italia est, me (vit-o-ra) ____________________, ut eum (ad-rem-iu-va) ____________________.

c) Periculum est, ne Romani nos ex Italia (lant-pel) ____________________.

d) Ergo (sti-con-i-tu) ____________________, ut cum exercitu nostro iter (rem-e-fac) ____________________ in Italiam.

e) (To-op) ____________________, ut ibi Hannibali praesidio esse (pos-mus-si) ____________________.

f) Vos autem (tis-con-ten-da) ____________________, ne Romani urbes nostras in Hispania (pug-ex-nent) ____________________!

g) Iam saepe (mus-pro-di-vi) ____________________, ut victoria nostra (set-es) ____________________.

h) (A-de-vi-mus) ____________________ etiam nunc, ne Romani nos (cant-vin) ____________________!

i) Saepe vobis (pe-im-vi-ra) ____________________, ut valde (tis-re-bo-ra-la) ____________________!

k) Nunc vos (tor-hor) ____________________, ut maxime operam (tis-de) ____________________!

l) (To-op) ____________________, ut Romani (e-per-ant) ____________________!

22.5 Eine neue Taktik 

Welches Prädikat ist richtig?

a) Romani, postquam ab Hannibale apud Cannas victi sunt/visi sunt, animum demiserunt.
b) Cum Carthaginiensibus pugnantes/putantes semper superabantur.
c) Tum Quintus Fabius Maximus egregium consilium credidit/cepit.
d) Senatores primo restituerunt/restiterunt; tandem consilium probaverunt/prohibuerunt.
e) Non multo post Romani audebant/audiebant urbem suam servatam esse.

+ Worin bestand der Plan des Quintus Fabius Maximus?

- Er wollte Unmengen von Mäusen vor dem karthagischen Heer freilassen, denn Elefanten fürchten sich vor Mäusen.
- Er wollte die Karthager in ein sumpfiges Gebiet locken und so kampfunfähig machen.
- Er wollte Hannibal immer wieder zum Kampf herausfordern, ihn aber dann ins Leere laufen lassen.

22.6 Spanisch

Lies den Text und beantworte dann die Fragen. Dabei helfen dir die Wortangaben unter dem Text.

Desde el siglo 6 a. C., los Cartaginenses aumentaron su influencia en España estableciendo unas colonias. Durante las Guerras Púnicas entre Roma y Cartago, ellos invadieron y conquistaron una gran parte de la península. En 227 a. C., los Cartaginenses fundaron la ciudad de Kart Hadast, („ciudad nueva"), llamada Carthago Nova por los Romanos. La ciudad, cuyo nombre actual es Cartagena, fue conquistada por el romano Publio Cornelio Escipión en el año 209 a. C. Hasta el año 206 a. C., los Romanos expulsaron completamente a los Cartaginenses de España. Fundaron sus propias provincias, Hispania Citerior y Hispania Ulterior.

entre < inter – invadieron < invadere – parte < pars – península < paene + insula – ciudad < civitas – nuevo < novus – llamada < clamare – cuyo < cuius – nombre < nomen – año < annus – expulsaron < expellere

a) Seit wann begannen die Karthager ihren Einfluss in Spanien auszuweiten?
b) Wie machten sie das?
c) Was taten die Karthager während der Punischen Kriege?
d) Was bedeutet der Name „Kart Hadast"?
e) Worum handelt es sich?
f) Wie heißt es heute?
g) Wann wurde Carthago Nova erobert?
h) Von wem?
i) Was geschah bis zum Jahr 206 v. Chr.?
k) Was taten die Römer dann?

Wiederholung: Der Aci – Zeitverhältnis und Übersetzung

Die Zeitverhältnisse findest du in **14 G2** und **18 G2**.

22 W 1 Infinitive I

Suche aus den Wörtern die Infinitive heraus und ordne sie in das Schema ein.

clausisse, repetivisti, conspectui, posui, cavere, postulatum esse, ostendi, vati, educturos esse, pollicere, imperavisse, unde, circumdata esse, decerni, animum, permissurum esse, cerneret, operam, perire, humanitati

Präs. Akt.	Präs. Pass.	Perf. Akt.	Perf. Pass.	Fut. Akt.

22 W 2 Infinitive II

Bilde alle möglichen Infinitive. – Beachte, dass es nicht immer alle fünf Möglichkeiten gibt.

aspicio, tendo, miror, traicio, curro, polliceor, demitto, habito

22 W 3 Zeitverhältnisse

Bestimme von jedem Aci das Zeitverhältnis.

a) P. Cornelius Scipio audivit Hannibalem Alpes traiecisse. ____________________

b) Intellexit eum virum magna audacia esse. ____________________

c) Sed credidit Hannibalem non statim pugnaturum. ____________________

d) Hannibal autem sperabat exercitum suum Romanos victurum esse. ____________________

e) In memoria habuit multos viros in montibus captos esse. ____________________

f) Omnes spectabant miseros illos in contionem duci. ____________________

22 W 4 Übersetzung des Aci

- einfachste Möglichkeit: dass-Satz
  a) In libro Titi Livii legimus Hannibalem saepe dolis pugnavisse.
  b) Hannibal arbitratus est spectaculum sibi militibusque usui esse.
  c) Credidit enim milites suos rebus, non verbis ad pugnandum incitari.
  d) Milites ad pugnam paratos sine periculo superaturos esse sperabat.

- bei Verben des Sagens: deutscher Konjunktiv
  e) Saepe Hannibal dixit nihil tam ingens esse quam audaciam Poenorum.
  f) Etiam militibus persuasit eos mox dominos totius terrae fore.

- bei Verben des Befehlens: Infinitiv; evtl. mit „lassen"
  g) Hannibal captivos[1] in contionem duci iussit.
  h) Eos fugere prohibuit.
  i) Arma ante pedes eorum poni iussit.

[1] captivus: der Gefangene

23.1 Rätsel

In diesem Wortgitter sind waagerecht, senkrecht und diagonal zehn Formen des Komparativs verborgen.

F	A	C	I	L	I	O	R	M
O	E	F	I	S	G	L	O	U
R	R	L	R	A	R	O	I	R
T	O	A	I	N	A	N	V	O
I	I	E	V	C	T	G	A	I
O	R	T	E	T	I	I	R	T
R	C	I	A	I	U	O	G	L
E	A	U	S	O	S	R	R	A
S	U	S	E	R	E	I	T	E

________________ ________________
________________ ________________
________________ ________________
________________ ________________
________________ ________________

23.2 Zwei Angeber A 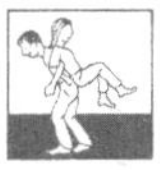 

Für diese Aufgabe brauchst du einen Spielpartner. Du spielst den Philolaches, dein Partner seinen Freund Calidorus, und ihr werft euch gegenseitig Prahlereien an den Kopf. Allerdings ist jeder Satz unvollständig; dein Partner kann dir drei Möglichkeiten nennen, wie man ihn vervollständigen könnte. – Setze die richtige ein.

PHILOLACHES

a) Pater meus est ________________ quam pater tuus.

b) clariorum – clarissimorum – clarissimus

c) Filius gentis ________________ urbis nostrae sum.

d) feliciorem – feliciorum – felicissimam

e) Mater mea est ________________ omnium Graecarum.

f) pulcherrimam – pulchriorem – pulchrius

g) Fratres mei ________________ sunt quam gladiatores!

h) fortius – fortissimi – fortiori

i) Constat sorores meas ________________ omnium puellarum esse.

k) prudentiores – prudentissimae – prudentissimas

l) Me amat puella ________________ omnium terrarum.

m) fidelior – fidelissima – fidelissimam

n) Non est in mundo homo ________________ quam tu!

o) superbius – superbissimorum – superbissimus

23.2 Zwei Angeber B

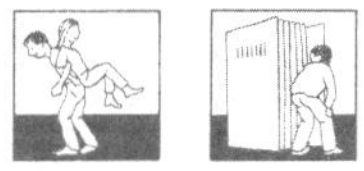

Für diese Aufgabe brauchst du einen Spielpartner. Du spielst den Calidorus, dein Partner seinen Freund Philolaches, und ihr werft euch gegenseitig Prahlereien an den Kopf. Allerdings ist jeder Satz unvollständig; dein Partner kann dir drei Möglichkeiten nennen, wie man ihn vervollständigen könnte. - Setze die richtige ein.

CALIDORVS

a) clarior – clarius – clarissimus

b) Minime! Pater meus est ______________________ omnium mercatorum.

c) felicissimis – felicioris – felicissimae

d) Ridere mihi licet! Gentem ______________________ quam nostram numquam invenies!

e) pulcherrima – pulcherrimum – pulchriorum

f) Incredibile est! Numquam videbis Graecam ______________________ quam matrem meam!

g) fortissimi – fortiori – fortiores

h) Ita non est! Fratres mei ______________________ sunt!

i) prudentissimi – prudentissimas – prudentiores

k) Quid dicis? Sorores meae ______________________ sunt quam Pythia!

l) fidelioris – fidelissima – fideliorum

m) Incredibile est! Non est in mundo puella ______________________ quam amica mea!

n) superbior – superbissimus – superbissimorum

o) Tu autem es homo ______________________ omnium qui umquam in vita fuerunt aut erunt!

23.3 Auf Leben und Tod

Schreibe zu den angegebenen Wörtern jeweils das Gegenteil in die Kästchen. Als Lösungswort erhältst du den Namen eines römischen Komödiendichters.

vivus			M									
vivebant		M										
viventi				M								
viveres	M											
vivunt	M											
vivet	M											
vivatis			M									
vivarum		M										
vita			M									

Der Komödiendichter heißt _ _ _ _ _ _ _ _ _ .

23.4 Musiker-Latein

In der Musik werden viele Wörter gebraucht, die aus dem Lateinischen stammen. Da sie den Weg über das Italienische genommen haben, sind sie manchmal nicht auf Anhieb zu erkennen. – Bringe die Fachwörter in die richtigen Sätze; die lateinischen Wörter in den Orgelpfeifen helfen dir dabei.

al fine – amabile – arco – con anima – con moto – crescendo – da capo – divisi – Kadenz – fortissimo – Fuge – grave – instrumental – Kantate – Manual – opus – Pedal – Solo – tacet – vokal

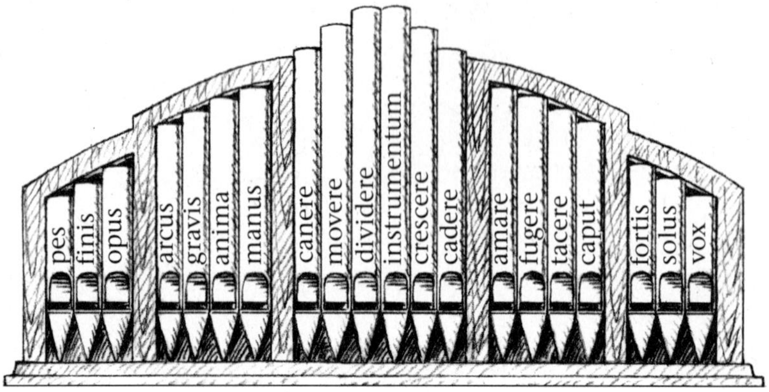

- Eine ______________________ ist ein Musikstück, in dem gesungen wird.
- ______________________ bedeutet, dass die Lautstärke anwachsen soll.
- Mit ______________________ bezeichnen die meisten Komponisten ihre Werke.
- ______________________ ist die Anweisung für die Streicher, mit dem Bogen zu spielen.
- Eine ______________________ ist ein Musikstück, in dem die einzelnen Stimmen einander hinterherlaufen.
- ______________________ bedeutet, dass ein Stück mit Singstimmen ausgeführt wird.
- ______________________ bedeutet, dass ein Stück mit Musikinstrumenten ausgeführt wird.
- Beim ______________________ spielt oder singt einer allein.
- ______________________ nennt man bei der Orgel die Tasten für die Füße.
- ______________________ nennt man bei der Orgel die Tasten für die Finger.
- Eine ______________________ steht am Ende eines Musikstückes; das Stück kommt damit zum Ruhepunkt, wie eine Kugel, die auf den Boden fällt.
- ______________________ heißt, dass man mit besonderer Kraft spielen soll.
- ______________________ sagt, dass ein Stück nicht zu langsam gespielt werden soll, sondern etwas bewegt.
- ______________________ steht in der Orchesterstimme, wenn ein Instrument ein Stück gar nicht mitspielt.
- ______________________ sagt, dass ein Stück mit Ausdruck gespielt werden soll, geradezu beseelt.
- ______________________ heißt, dass man noch einmal von vorn anfangen soll.
- ______________________ bedeutet, dass die Instrumente einer Stimme sich in zwei Stimmen aufteilen sollen.
- ______________________ sagt, dass ein Stück lieblich gespielt werden soll.
- ______________________ heißt, dass man bis zum Ende des Stückes spielen soll.
- ______________________ bedeutet, dass das Musikstück ernst klingen soll.

Wiederholung: Der Dativ

Die Dativ-Funktionen findest du in **8 G1** und **20 G3**.

23 W 1 Die Formen des Dativs

Suche alle Formen heraus, die Dativ sein können. Ihre Anfangsbuchstaben ergeben die Namen des Sohnes von Theopropides und seiner Freundin.

posteris – his – adimis – infelici – libertati – occasioni – cupidi – dubito – longae – agminibus – cupidini – urbe – honori – pueri – egregio – rego – secundae – decipis – perniciei – egentis – virgo – hominibus – inopiae – postea – loquenti – vos – exercitui – templa – mihi – volvo – alteri – tali – tango – iis – quomodo – utrique – militibus

Der Sohn heißt __ __ __ __ __ __ __ __ __ __ __.

und seine Freundin __ __ __ __ __ __ __ __ __ __ __.

23 W 2 Der Dativ als Objekt

Manche Verben verlangen einen Dativ als Objekt, z. B. mihi placet – mir gefällt. Es gibt auch Verben, die zwei Objekte haben können, eins im Dativ und eins im Akkusativ, z. B. id tibi credo – das glaube ich dir. – Ordne die folgenden Verben in das Schema ein.

mandare, resistere, vendere, ostendere, dicere, favere, praebere, oboedire, adimere, tradere, persuadere, polliceri, reddere, confidere, explicare

Verben mit Dativobjekt	Verben mit Dativ- und Akkusativobjekt	
______________	______________	______________
______________	______________	______________
______________	______________	______________
______________	______________	______________
______________	______________	______________

23 W 3 Die Funktionen des Dativs

Was hat die Freundin von Theopropides' Sohn am Tag vor der Party gemacht? – Bestimme die Funktion der Dative.

a) Ades mihi, amica! ______________

b) Auxilio mihi veni! ______________

c) Hanc vestem[1] mihi emam an illam? ______________

d) Non satis multae vestes[1] mihi sunt! ______________

e) Cupio me placere Philolachi, patrono meo. ______________

f) Vestis pulchra ei laetitiae erit. ______________

g) Malum! Tanta pecunia mihi non est! ______________

[1] vestis: Kleid

24.1 Nachdenken über Medea

Markiere die Adverbien, die deiner Meinung nach auf Medeas Handeln zutreffen.

Charakterisiere nun Medea mit Hilfe der von dir ausgewählten Beschreibungen. Du musst dazu die Adverbien in die entsprechenden Adjektive umwandeln. Achte auch darauf, um welche Steigerungsform es sich jeweils handelt.

Medea atrox est.

Medea ______________________________ est.

Medea ______________________________ est.

Medea ______________________________ est.

Medea ______________________________ est.

Medea ______________________________ est.

Medea ______________________________ est.

Medea ______________________________ est.

Medea ______________________________ est.

Medea ______________________________ est.

24.2 Perlenkette

Male jeweils die drei Perlen mit derselben Farbe an, die eine Steigerungsreihe ergeben, d.h. bei denen alle drei Steigerungsstufen in Kasus, Numerus und Genus gleich sind. Einige Perlen werden weiß bleiben; ihre Anfangsbuchstaben ergeben als Lösung das lateinische Wort für Perle.

Perle heißt auf lateinisch _ _ _ _ _ _ _ _ _.

24.3 Verhext

Stell dir vor, du könntest hexen. Du wendest deine magischen Kräfte auf dich selbst an und bist danach hoch erfreut. – Vervollständige und übersetze die folgenden Sätze.

a) Tam pulcher/pulchra (esse) ____*sum*____, ut omnes formam meam (laudare) ____*laudent*____.

b) Tam fortis (esse) ________________, ut equum portare (posse) ________________.

c) Tantas divitias (habere) ________________, ut numquam laborare (debere) ________________.

d) Sapientia mea tanta (esse) ________________, ut omni quaerenti (respondere) ________________.

e) Celerius (currere) ________________, quam ut alii me (vincere) ________________.

f) Tam gratus/grata (esse) ________________, ut nemini invidiae (esse) ________________.

g) Tam bene (canere) ________________, ut audientes lacrimas non (tenere) ________________.

h) Amici me valde (amare) ________________, ut saepe mihi dona egregia (dare) ________________.

24.4 Ein brandneues Kleid

a) Medea, cum comperiret Iasonem se non iam amare, ira et dolore affecta est.
b) Iason, cum fidelem se non praeberet, Medeae odio erat.
c) Etiam Glauca, filia regis Creontis, Medeae invidiae erat, cum nova uxor Iasonis esset.
d) Cum Medea artibus magicis[1] perita esset, Glaucae miram vestem nuptialem[2] dono dedit.
e) Glauca, cum insidias Medeae non suspicaretur, vestem induit[3].
f) Vestis, cum Glaucam maxime ornaret, tamen ei perniciei fuit.
g) Cum illa ad maritum iret, flammae e veste ortae sunt, quae eam interfecerunt.
h) Neque pater, cum filiam adiuvare properaret, eam servare potuit et ipse flammis periit.

[1] magicus: magisch – [2] vestis nuptialis: Hochzeitskleid – [3] induere: anziehen

24.5 Medeas Hexenküche

Was erzählt der Junge später seinen Freunden? – Vervollständige seinen Bericht.

Medea e serpente venenum *fecit,* ut alia venena de caelo *peteret.*

Cor bubonis[1] *sumps*__________, ut dolorem quam maximum *effic*__________.

____

____

____

____

____

____

24.6 Sehr witzig!

„Cur bubones[1] nocte volant?“ – „Haud scio.“
„Celerius volant quam pedibus eunt.“

[1] bubo, bubonis: Eule

Wiederholung: Grund und Zweck

Möglichkeiten, im Lateinischen finale und kausale Verhältnisse auszudrücken, findest du in **5 G3, 12 G2, 17 G5, 19 G3** und **24 G2.**

24 W 1 Die Unterscheidung zwischen Grund und Zweck

Stelle von jedem Gliedsatz fest, ob er einen Grund oder einen Zweck ausdrückt.
Trage dann die „kleinen Wörter", an denen du dies erkannt hast, in die Tabelle ein.

a) Zuerst war Iason Medea dankbar, weil sie ihm geholfen hatte.
b) Um sie nicht der Strafe ihres Vaters auszuliefern, nahm er sie mit.
c) Da er nicht wagte, nach Hause zurückzugehen, reiste er mit ihr zu König Kreon nach Korinth.
d) Kreon wollte Medea ausweisen, damit sie seiner Tochter nicht gefährlich würde.

Grund		Zweck	

24 W 2 Jetzt auch auf Latein

Trage in die Tabelle ein, womit jeweils Grund oder Zweck ausgedrückt werden.
Die Möglichkeiten dazu findest du im Kasten.

a) Saepe Medea Corintho abiit, ut herbas colligeret.
b) Medea, quia artes magicas[1] scivit, a multis timebatur.
c) Creo rex artes Medeae timens eam expellebat.
d) Medea se placide gerebat ad regem fallendum.
e) Creo Medeae unum diem dedit, cum demonstrare vellet se hominem, non bestiam esse.
f) Hoc uno die Medea liberos suos interfecit, quod odio Iasonis agebatur.

[1] magicus: magisch

ad + nd-Form	cum + Konjunktiv	Partizip (Pc)	quia + Indikativ	quod + Indikativ	ut + Konjunktiv

Grund				Zweck	

24 W 3 Die Qual der Wahl

Welches ist die richtige Fortsetzung? – Streiche die falsche aus.

a) Medea Iasonem adiuvabat < ad eum amandum. / quia eum amavit.

b) Medea Iasonem adiuvabat < ut ille labores perficeret. / quia ille labores perfecerat.

c) Iason Medeam secum duxit < ne illa a patre puniretur. / quod illa a patre punita est.

d) Postea Iason Medeam reliquit < ut filiam regis amaret. / cum filiam regis amaret.

Das habe ich bis jetzt gelernt

Wenn du nicht sicher bist oder etwas vergessen hast, kannst du noch einmal auf den Grammatikseiten nachsehen. Die entsprechenden Kapitel sind in Fettdruck angegeben.

T 24.1 Konjunktiv

Formen des Konjunktivs Präsens **(21 G2)** und Imperfekt **(22 G2)**

Merke:
Der Konjunktiv Präsens wird mit -a- gebildet, bei der a-Konjugation mit -e-; bei esse, posse, velle mit -i-.
Der Konjunktiv Imperfekt sieht aus wie ein Infinitiv Präsens Aktiv mit Personalendung.

Ordne die folgenden Wörter in das Schema ein:
peccas, emas, velint, ires, volunt, proficiscitur, possemus, eat, vexo, postuletis, parceret, oboeditis, possimus, praestarent, sim, laberemini, possumus, arbitrarer

		Ind. Präs.	Konj. Präs.	Konj. Imperf.
Sg.	1.			
	2.			
	3.			
Pl.	1.			
	2.			
	3.			

T 24.2 Vielseitige Wörter

ut **(Vok. 19, 22 G3, 24 G3, 24 G4)**; ne **(Vok. 4, Vok. 17, 21 G1, 22 G1, 24 G1)**; cum **(Vok. 9, Vok. 5, 24 G5)**

Die Wörter ut, ne und cum können eine Vielzahl von Bedeutungen haben, je nachdem, ob sie mit Konjunktiv oder Indikativ stehen, kein Verb bei sich haben oder gar keine Konjunktion sind.
– Sortiere die folgenden möglichen Übersetzungen an der richtigen Stelle ein:

so dass, als, mit, dass, dass, wie, weil, nicht einmal, um … zu, obwohl, dass nicht, damit, ?, als (plötzlich), damit nicht

	ut		ne		cum
m. Ind. oder ohne Verb		angehängt (-ne)		als Präp. m. Abl.	
m. Konj.		+ quidem		m. Ind.	
		m. Konj.		m. Konj.	
		nach Verben d. Fürchtens			

T 24.3 Ortsangaben ohne in oder ex (21 G3)

Sortiere die folgenden Orts- und Richtungsangaben in das Schema ein; manche musst du mehrmals verwenden. – Tipp: Du kannst die Karte des Römischen Reiches vorn im Buch benutzen.

domi, Pompeis, Pergamum, Syracusas, Vesontione, Pompeios, Syracusis, Lutetiae, Pergamo, Lutetia, domum, Vesontionem, domo, Lutetiam, Pergami

nach ...	in ...	von .../aus ...

T 24.4 Steigerung

Die Steigerung gibt es bei Adjektiven **(23 G1)** und bei Adverbien **(24 G1).** Ordne die Formen an der richtigen Stelle ein.

prudentius, prudentes, pulcherrimi, pulchre, prudenter, pulchriores, pulchri, prudentissimos, pulchrioris, pulcherrimas, pulchrius, prudentiores, pulcherrime, prudentis, pulchras, prudentissimae, prudentissime, prudentioris

	Positiv	Komparativ	Superlativ
Adverb			
Adverb			
Akk. Pl.			
Akk. Pl.			
Gen. Sg.			
Gen. Sg.			

T 24.5 Superlativ (23 G1) ↔ Elativ (23 G4)

Kreuze an, worum es sich jeweils handelt.

	Superlativ	Elativ
a) stultissimus homo	☐	☐
b) stultissimus omnium hominum	☐	☐
c) pulcherrimam puellarum	☐	☐
d) pulcherrimae puellae	☐	☐

25.1 Rätsel

In dem folgenden Wortgitter sind waagerecht, senkrecht und diagonal mindestens 14 verschiedene Demonstrativpronomina versteckt.

I	H	D	E	T	S	I
S	S	L	U	I	H	A
T	L	T	S	T	I	L
I	S	T	O	S	S	L
U	A	T	T	R	T	I
S	S	I	L	L	U	D
I	S	T	A	R	U	M

______________________ ______________________
______________________ ______________________
______________________ ______________________
______________________ ______________________
______________________ ______________________
______________________ ______________________
______________________ ______________________

25.2 Buchstaben-Kniffelei

Welche der folgenden Behauptungen stimmen jeweils? Wenn du die Lösungsbuchstaben hintereinander liest, erhältst du als Lösungswort eine gebräuchliche Abkürzung, die von einem lateinischen Wort stammt:

1. Wenn du iste und ille durch alle Kasus deklinierst, dann
   a) ist die Anzahl der Buchstaben gleich groß. (D)
   b) hat iste mehr Buchstaben. (M)
   c) hat ille mehr Buchstaben. (P)
2. Wenn du ista und haec durch alle Kasus deklinierst, ist die Anzahl aller Buchstaben
   a) gleich groß. (A)
   b) von ista größer als von haec. (E)
   c) von haec größer als von ista. (U)
3. Die Endsilben von ille, iste und ipse sind bei folgenden Kasus lang:
   a) Dativ und Ablativ Singular. (P)
   b) Dativ und Ablativ Singular und Plural. (M)
   c) Dativ und Ablativ Singular, Dativ, Akkusativ und Ablativ Plural. (J)
4. Wenn du hic, haec, hoc durch alle Kasus deklinierst, wie viele a ergeben sich insgesamt?
   a) 8. (O)
   b) 10. (M)
   c) 12. (I)

Das Lösungswort ist __ __ __ __ und stammt von dem Verb ______________________.

25.3 Latein in Abk.

Was bedeuten die folgenden Ausdrücke? Verbinde sie mit ihrer heutigen Bedeutung:

et alii (et al.)	und so weiter
et cetera (etc.)	und andere
id est (i. e.)	nachträglich zum Nachtrag
loco citato (l. c.)	Nachtrag
post scriptum (PS)	das heißt
post post scriptum (PPS)	an der angegebenen Stelle

25.4 Das Gastmahl (I): Ein später Gast

Sokrates ist bei dem Dichter Agathon zu einem Gastmahl eingeladen. Ganz gegen seine Gewohnheit legt er gepflegte Kleidung an und macht sich auf den Weg. Unterwegs aber bleibt er immer wieder stehen, um seinen Gedanken nachzugehen, und trifft erst bei Agathon ein, als das Mahl schon in vollem Gange ist. Halb erfreut über die Ankunft des Gastes, halb verärgert über die Verspätung, begrüßt ihn Agathon. – Setze die richtigen Formen des adjektivischen Fragepronomens ein.

quibus		quos
	quod	
	cuius	
qua		quae
	quod	
	quem	
quibus		cui

a) „Salve, o Socrates! Appropinqua, hic est lectus tuus! Sero[1] venis.

b) ______________ viros in via invenisti? Amicos aut alienos?

c) ______________ hominem aut ______________ animal observavisti?

d) Domum ______________ viri intravisti? Boni aut mali?

e) ______________ discipulis de disciplina tua disseruisti?

f) ______________ homini exemplum sapientiae tuae dedisti?

g) De ______________ re locutus es?

h) ______________ consilium cepisti?

i) ______________ causae a te inventae sunt?

k) De ______________ rebus nunc nobis verba facis?"

[1] sero: spät

25.5 Das Gastmahl (II): Liebevolle Gespräche

Die Teilnehmer des Gastmahls bei Agathon wählen sich ein reizvolles Gesprächsthema: der Gott Eros und die Liebe. Die folgenden Äußerungen könnten an dem Abend gefallen sein. Kreuze die an, denen du zustimmst.

a) „Amantes sunt amentes[1]." ☐

b) „Nemo pulchrior est quam amatus." ☐

c) „Amantes vincunt omnia." ☐

d) „Amatus probus amantem probum facit." ☐

e) „Amantis non est mentiri." ☐

f) „Iniuria ab amato accepta durissima est." ☐

g) „Oculi sunt duces amantium." ☐

h) „Amans omne malum facile patitur." ☐

i) „Amantes modum non habent." ☐

k) „Amatus alter ego amantis est." ☐

[1] amens: verrückt

25.6 Die sieben Weltwunder

Schreibe den Buchstaben des Textes jeweils an die richtige Abbildung.

a) Mausoleum est sepulcrum clarissimum Mausoli regis.
b) Per CXX annos homines templum Dianae deae aedificabant.
c) Pyramides altissimae apud Nilum sitae sunt.
d) Turris[1], cui nomen est Pharos, nautis per undas iactatis igni aditum portus monstrat.
e) In Rhodo insula statua maxima conspicitur, quae „colossus" nominatur et portum insulamque ornat.
f) Semiramis regina[2] olim hortos parari iussit, qui, cum summis in tectis siti essent, horti pendentes nominabantur.
g) Phidias, artifex[3] Graecus, arte mira statuam fecit et Olympiae in templo Iovis posuit.

[1] turris: Turm – [2] regina: Königin – [3] artifex: Künstler

Wiederholung: Die Pronomina I

Pronomina findest du in **3 G4, 6 G4, 7 G4, 8 G3, 9 G3, 11 G3, 15 G1, 18 G3, 18 G4** und **20 G2.**

25 W 1 Besonderheiten

Pronomina haben einige Besonderheiten. Drei wichtige kannst du hier wiederholen.

- **Spezielle Formen**
  Schreibe unter jedes Pronomen den Genitiv und Dativ Singular.

hic	illud	ea	ipse	quis	qui

- **Mehrdeutige Formen**
  Bestimme jede Form nach KNG so oft, wie vorgegeben ist.

isti ______ ______ ______ ______

quae ______ ______ ______ ______

haec ______ ______ ______

- **Gleiche Form, verschiedene Funktion**
  a) Die Formen von is, ea, id können Personal- und Demonstrativpronomen sein. – Was ist was?

  Eam vidi. ______ Eam arcem expugnemus! ______

  b) Die Formen von qui, quae, quod können Relativpronomen sein, aber auch Demonstrativpronomen (relativischer Anschluss). – Was ist was?

  Amicus, quem quaeris, non in foro versatur. ______

  Quem in domo tua vidi. ______

25 W 2 Die Verweisfunktion

Zeichne Pfeile von jedem der gekennzeichneten Pronomen zu dem, worauf es hinweist. – Beachte: Pronomina können zurück-, aber auch vorwärts weisen, und manchmal auch aus dem Text hinaus.

a) Socrates domum Chaerephontis amici petivit. Qui enim eum invitaverat.

b) In eius domo iam multi alii amici iacebant potantes[1].

c) Quod cum Socrates vidit, eis dixit ridens:

d) „Haec vobis dico: O Chaerephon, si senem[2] invitas – cur non eum exspectatis, priusquam potare[1] incipitis?

e) Nunc plus vini[3] mihi opus est, ut vos consequar[4]!

f) Date mihi istam crateram[5]!“

[1] potare: trinken – [2] senex, senis: alter Mann – [3] vinum: Wein – [4] consequi: erreichen, einholen – [5] cratera: Mischgefäß (fasste mehr als 1 Liter)

26.1 Implenda

Ergänze die fehlenden Formen:

Ind. Präs.	Ind. Perf.	Konj. Perf.	Fut. II
lego			
	corrupistis		
		aperuerint	
			usi erunt
		deditus sit	
	electi estis		
consentit			

26.2 Woher?

Nenne zu den folgenden Verben, die im Futur II stehen, jeweils den Infinitiv Präsens Aktiv und dessen deutsche Bedeutung. Aus den markierten Feldern ergibt sich ein Lösungswort, das dir den deutschen Titel eines Werkes von Platon nennt.

Futur II	Infinitiv Präsens	deutsche Bedeutung
clausus erit		
pepercero		
aspexeris		
gesserit		
traiecta erunt		
potuerint		
mentitus eris		
demissa erunt		
praestiterint		
prohibitum erit		
dilexeris		

Das Werk von Platon heißt _ _ _ _ _ _ _ _ _ _ _.

26.3 Fehlersuche

Welche Übersetzung ist richtig? – Unterstreiche sie; schreibe neben die falschen Übersetzungen, was daran falsch ist.

Plato postulavit, ut philosophi cives regerent.

a) Platon forderte, dass Philosophen über den Staat herrschten. ____________________

b) Platon forderte, dass Philosophen über die Bürger herrschten. ____________________

c) Platon forderte, dass die Bürger über die Philosophen herrschen ____________________

26.4 Rückkehr nach Athen

Auf dem Rückweg von Syrakus malt Platon sich aus, was er nach seiner Ankunft in Athen alles tun wird. Ergänze die Sätze jeweils mit dem passenden Verb im Futur II.

a) Ubi Athenas rediero, domum meam intrabo.

b) Ubi domum meam *intravero,* familia me salutabit.

c) Ubi familia me ____________________, deis sacrificia faciemus.

d) Ubi sacrificia ____________________, aqua recreabor[1].

e) Ubi aqua ____________________, omnes cenabimus[2].

f) Ubi ____________________, dormiam.

g) Ubi ____________________, discipuli venient.

h) Ubi ____________________, omnia narrabo.

[1] recreare: erfrischen – [2] cenare: essen

26.5 Reise nach Athen

Wie alle jungen Römer von Rang möchte auch der junge Marcus Tullius Cicero zu einer Bildungsreise nach Athen aufbrechen. Sein Vater ist zwar damit einverstanden, macht sich aber auch Sorgen.

P.: Via longissima est. Constat te iter cum amico aliquo et aliquibus servis facere debere.
M.: Certe, pater. Comites meos magna cum diligentia eligam.
P.: In cuius domo dormies?
M.: Aliquem lectum inveniam. Bono sis animo!
P.: Timeo, ne qui homines mali tibi noceant.
M.: Ne timueris, pater. Aliquis me defendet.
P.: Opto, ut aliqua aedificia praeclara spectes.
M.: Scilicet, pater. Templa et aedificia pulcherrima Athenis spectabo.
P.: Ne cum quibus amicis in tabernis[1] dies et noctes egeris!
M.: Minime, pater! Dies agam libros aliquorum philosophorum legendo, noctes autem dormiendo.
P.: Cave, ne quas res inutiles[2] magno emeris!
M.: Certe, pater. Pecuniae parcam.
P.: Utinam dei tibi faveant, mi fili!

[1] taberna: Gasthaus – [2] inutilis, -e: unnütz

26.6 Graffiti

Vor allem junge Römer schrieben gern alle erreichbaren Wände voll, wobei sie oft eine besonders schwungvolle Schrift verwendeten. – Schreibe die Graffiti in deiner Schrift ab; weil die Buchstaben teilweise anders aussehen als heute üblich, findest du unten alle Wörter noch einmal. Wenn du sie übersetzt, wirst du feststellen, dass einmal das Futur II an Stelle des Futur I verwendet wurde.

oben: ____

mittig: ____

unten: ____

Aufidius cari[1] duo fine fuimus fuit hic hic lusero Max(imus) nos omnes sine sodales[2] sum vale

[1] carus: lieb, teuer – [2] sodalis: Kumpel

Wiederholung: Attribute

Die verschiedenen Arten von Attributen findest du in **4 G1, 6 G2, 6 G4, 6 G5, 15 G1, 15 G2** und **25 G4**.
Auch Demonstrativpronomina können als Attribute verwendet werden **(7 G4,3)**.

26 W 1 Lauter Attribute

Alle Arten von Attributen findest du im Kasten.
– In den folgenden Sätzen sind einige Attribute gekennzeichnet; stelle fest, um was für ein Attribut es sich jeweils handelt.

> Adjektiv – Demonstrativpronomen – Substantiv – Substantiv im Gen. – Genitivus qualitatis – attributives Partizip – Relativsatz

a) Dionysius Platoni philosopho epistulam misit. ______

b) In ea epistula ei institit, ut sibi auxilio veniret. ______

c) Plato regem Syracusanorum adiuvare voluit. ______

d) Timebat quidem, ne rex, qui paene puer erat, cupiditatibus non satis imperare posse. ______

e) Tamen optimam rem publicam in eius regno facere constituit. ______

f) At rex fuit vir magnae cupiditatis. ______

g) Consilia philosophi dilecti neglexit. ______

26 W 2 Ungleiche Paare

Manche Attribute haben einen „Zwilling", der formal genauso aussieht, grammatisch aber verschieden ist. – Unterscheide genau und bestimme für jeden Satz, welche Erscheinung vorliegt.

subst. Attribut, adj. Attribut	⟷	Prädikativum
Relativsatz	⟷	relativischer Anschluss
attributives Partizip	⟷	prädikatives Partizip (Pc)
adj. Demonstrativpronomen	⟷	subst. Demonstrativpronomen

a) Dionysius rex Platonem philosophum in Siciliam vocavit. ______

b) Dionysius iam puer plenus cupiditatum fuerat. ______

c) Dionysius, qui numquam cupiditatibus imperare potuit, leges aequas non posuit. ______

d) Qui numquam destitit tyrannus[1] esse. ______

e) Consilia eius philosophi, quem ipse vocaverat, neglexit. ______

f) Etiam vita eius in periculo erat. ______

g) Philosophus ubique celebratus tamen Syracusis nihil efficere potuit. ______

h) Tandem philosophus celebratus in patriam rediit. ______

[1] tyrannus: Gewaltherrscher

27.1 Implenda

Ergänze die fehlenden Formen.

Inf. Präs.	Inf. Perf.	Ind. Plpf.	Konj. Plpf.
adiuvare	adiuvisse	adiuverat	adiuvissent
comprehendere	comprehendisse	comprehenderat	comprehendissent
occurrere	occurrisse	occurreras	occurrisses
consequi	consecutum esse	consecuti eratis	consecuti essetis
praecipi	praeceptum esse	praeceptum erat	praeceptum esset

27.2 Was wäre, wenn ...?

Quintus und seine Freunde müssen heute zwar zu ihrem Lehrer gehen. Trotzdem stellen sie sich vor, was sie lieber machen würden ...

Marcus: Nisi ad magistrum ire deberem, in amphitheatro[1] cum patre spectacula viderem.
Quintus: Si a negotiis liber essem, in silvam equitarem[2].
Brutus: Lucium convenirem, si possem.
Spurius: Si quid nobis otii[3] esset, certe Sexto parvo fabulam narrare possemus.
Decimus: Tune fabulam narrares? Certe nemo nostrum quicquam eius modi faceret. Nos omnes otio[3] gauderemus.
Claudia: Ego quidem dormirem, nisi quid novi memoriae mandare[4] deberem.

[1] amphitheatrum: Amphitheater – [2] equitare: reiten – [3] otium: freie Zeit – [4] memoriae mandare: (auswendig) lernen

27.3 Von der Grille und der Ameise

Es lebten einmal eine Ameise und eine Grille auf einer Wiese. Im Sommer arbeitete die Ameise fleißig, baute ihr Haus und sammelte Futter. Die Grille aber sang und musizierte den ganzen Tag, den ganzen Sommer lang. Als der Winter kam, saß die Ameise wohlversorgt mit vielen Vorräten in ihrem Haus, die Grille aber fror und war hungrig. Sie ging zur Ameise und bat sie um Hilfe.
– Welche Antwort könnte sie bekommen haben?

a) „Si aestate[1] cibum collegisses, nunc fame[2] non vexareris."

b) „Nisi totam aestatem[1] cecinisses, etiam tu cibos collegisses."

c) „Is, qui non laborat, cibos non habeat."

d) „Si aestate[1] laboravisses, tibi tempus ad canendum non fuisset."

e) „Ei, qui numquam laboravit, ego quidem auxilio non venio."

[1] aestas: Sommer – [2] fames: Hunger

27.4 Wie süß!

Quintus hat eine Schwester bekommen. Die ganze Verwandtschaft findet sich ein, um das neue Baby zu begutachten. Dabei stellt jeder andere Ähnlichkeiten fest. – Setze die passenden Wörter ein.

idem – idem – idem – eodem – eadem – similes – par – eandem

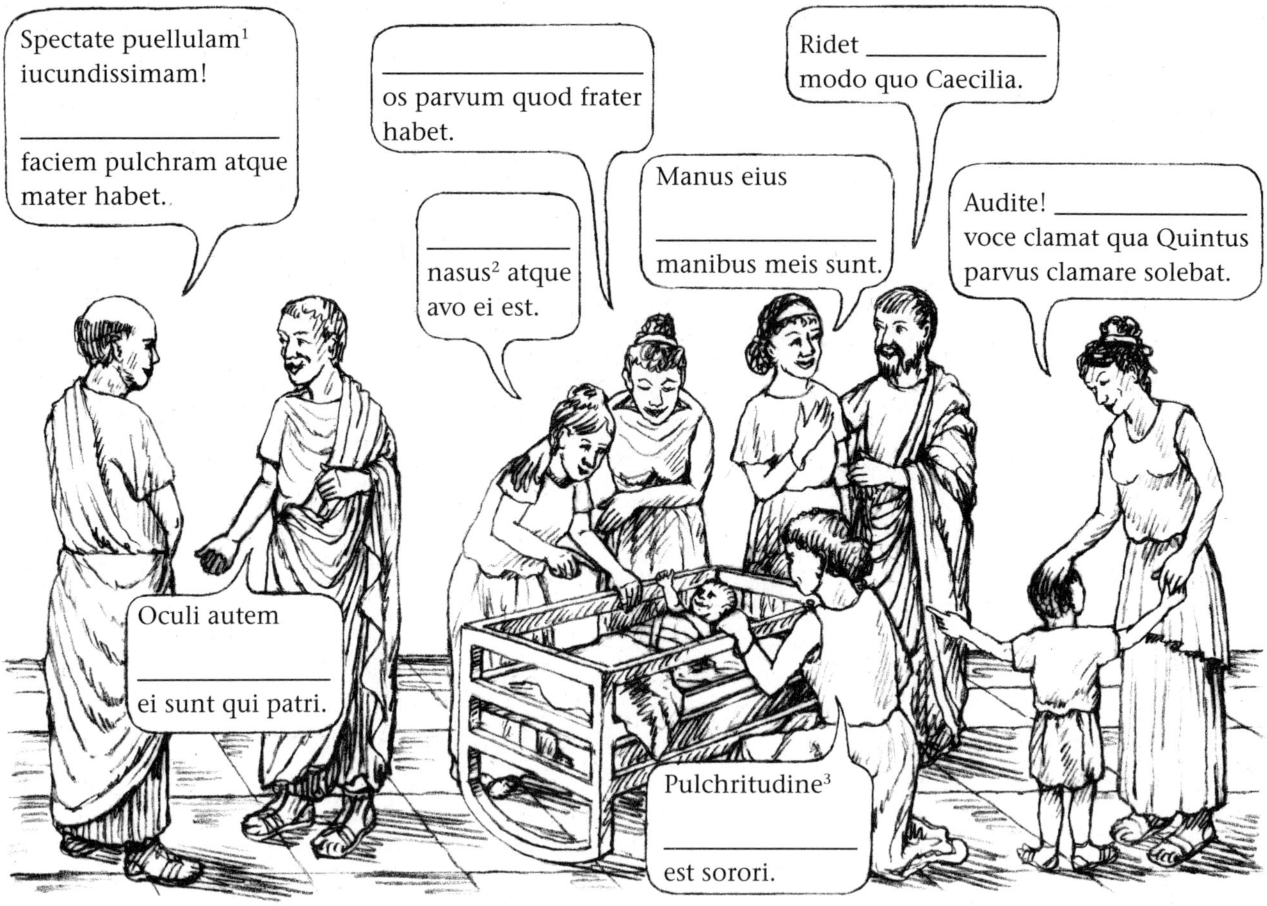

[1] puellula: kleines Mädchen – [2] nasus: Nase – [3] pulchritudo: Schönheit

27.5 Wie lästig!

Caecilius erzählt, wie er neulich einen schrecklichen Menschen getroffen hat, der ihn mit allen möglichen Geschichten aufhielt. – Ergänze die passenden Formen von quidam.

a) Rufus ______________________, homo molestissimus[1], mecum locutus est.

b) Narravit se fratrem esse ______________________ Sexti.

c) ______________________ mercatori magnam pecuniam debet, ut dixit.

d) Amat ______________________ Aeliam.

e) Insulam habitat cum ______________________ amico.

[1] molestus: lästig

27.6 Wie philosophisch!

Wähle aus den nachstehenden Verben alle aus, die typische Tätigkeiten eines Philosophen benennen, und ordne sie danach, ob sie zum Denken oder zum Sprechen gehören.

adhibere – intellegere – demonstrare – docere – demittere – praecipere – consulere – cognoscere – ostendere – respondere – carere – loqui – comprehendere – cogitare – vacare – egere – labi – dedere – admonere – perdere – occurrere – expellere – animadvertere – cernere – disputare

27.7 Falsche Freunde

Je mehr Vokabeln du lernst, desto mehr musst du aufpassen, nicht auf „falsche Freunde" hereinzufallen. Aber diese Wörter wirst du doch nicht verwechseln?! – Trage die richtige deutsche Bedeutung ein.

fingere heißt nämlich nicht fingern, sondern ____________________

mos	≠	Moos	=	____________________
ut	≠	und	=	____________________
immo	≠	Immobilie	=	____________________
haud	≠	Haut	=	____________________
-ne	≠	nicht	=	____________________
parcere	≠	parken	=	____________________
qualis	≠	Qual	=	____________________
ratio	≠	Radio	=	____________________

27.8 Sehr witzig! 

Senex[1] quidam interrogatus: „Vixistine Ostiae totam vitam?" respondit: „Non iam."

[1] senex: alter Mann

Wiederholung: relativischer Anschluss

Den relativischen Anschluss findest du in **20 G2.**

27 W 1 Der kleine Unterschied I

Es ist nicht schwierig, den relativischen Anschluss von einem „normalen" Relativsatz zu unterscheiden.
- Kreuze an.

	Rel.-S.	rel. Anschl.
a) Dei speciem humanam praebent, quae formam animalium superat.	☐	☐
b) Vita deorum tranquilla est. Qui enim vitam aeternam et beatam agunt.	☐	☐
c) Dei homines non perdunt. Quod ubi comprehendisti, et tu beatus es.	☐	☐
d) Homines, qui deos timent, eorum insignem naturam non comprehendunt.	☐	☐

27 W 2 Der kleine Unterschied II

Ein Römer, den man nach dem Unterschied gefragt hätte, wäre wahrscheinlich ratlos gewesen. Denn er kannte keine Satzzeichen, die ihm die Entscheidung erleichterten. – Füge passende Satzzeichen in die folgenden Sätze ein.

a) Spectate hanc statuam QVAM artifex[1] quidam Graecus finxit

b) Eam speciem praebet QVAM natura nos omnes docuit

c) Forma hominis QVAE omnium animalium formas superat etiam imaginem deorum docet

d) Epicurus omnes homines timore liberavit QVI eum semper sequantur

[1] artifex: Künstler

27 W 3 Gebrauchsanweisung für Rationalisten

Sehr häufig ist der relativische Anschluss in ganz bestimmten Verbindungen. Wer die lernt wie Vokabeln, hat schon halb gewonnen.

qua de causa	=	deshalb
quam ob rem	=	daher
qua re	=	dadurch
quod si ita est	=	wenn das so ist
quod cum ita sit	=	da das so ist
quae cum ille dixisset	=	als er das gesagt hatte
quae cum audivisset	=	als er/sie das gehört hatte
quo in genere	=	auf diesem Gebiet, in dieser Art

a) „Delirat[1] iste Epicurus!
b) Quod cum ita sit, delirant[1] etiam Epicurei.
c) Qua de causa cum iis de summis rebus, imprimis[2] de deis immortalibus pugnare debemus.
d) Quo in genere sciunt nihil!
e) Qua re contendunt deos rebus humanis non consulere.
f) Quod si ita esset, mundus iam perditus esset."
g) Quod cum dixisset, philosophus Stoicus omnibus imperavit, ut disciplinam suam sequerentur.
h) Quod cum audivissent, philosophi Epicurei riserunt.

[1] delirare: wahnsinnig sein – [2] imprimis *(Adv.)*: vor allem

28.1 Mehr und mehr

Vervollständige die Steigerungsreihen mit den Formen aus dem Kasten.

multarum	______________	______________
bonos	______________	______________
parvis	______________	______________
multum	______________	______________
magnam	______________	______________
mali	______________	______________
mali	______________	______________

> plus – optimos – maximam – peiores – plurimarum – minimis – pessimi – minoribus – pessimi – plurium – plurimum – peioris – meliores – maiorem

28.2 Kombiniere

Verbinde die Wörter, die nach KNG zueinander passen.

turbas	peior
viris	maius
pondus	minorem
homo	pessimae
specie	optima
rationi	maximas
praedam	melioribus

28.3 Gleich und Gleich gesellt sich gern A 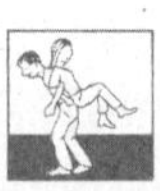

Ein Bingospiel für zwei Spieler. Einer nimmt Feld A, der andere Feld B (nächste Seite). Wenn du Feld A hast, fängst du an: Du nennst eins deiner Wörter; dein Partner muss aus seinen Wörtern das heraussuchen, das eine ähnliche Bedeutung hat, und darf es dann ausstreichen. Danach sagt dein Partner dir eins seiner Wörter, und du suchst bei dir das Synonym und streichst es aus. Wer hat zuerst eine Reihe Wörter (waagerecht, senkrecht oder diagonal) ausgestrichen?
Tipp: Die Wörter, die du genannt hast, solltest du dir mit einem Kringel o.ä. markieren.

intrare	inimicus	hortari	adiuvare
rumpere	mulier	tenere	nonnulli
interrogare	caedere	at	credere
currere	precari	decipere	ianua

28.4 De variis librorum generibus

Antiquis[1] temporibus Romani saepius in tabulis scripserunt, quae e ligno[2] et cera[3] factae erant. Opera maiora in PAPYRVM[4] scribebantur, quae e herbis quibusdam prope Nilum flumen in Aegypto crescentibus constat. Longae partes papyri[4] in libros volutae sunt; hinc eius modi libri VOLVMINA appellabantur. Tertio autem post Christum natum saeculo[5] Pergami in urbe in Asia sita materia[6] inventa est nomine PERGAMENTVM, quae e pellibus[7] animalium facta erat. E pergamento paginae[8] singulae secabantur[9] et in libros novae formae colligabantur[10], qui, quia codicibus[11] similes erant, CODICES nominabantur.

[1] antiquus: alt – [2] lignum: Holz – [3] cera: Wachs – [4] papyrus *f.*: Papyrus – [5] saeculum: Jahrhundert – [6] materia: Material – [7] pellis: Haut – [8] pagina: Seite – [9] secare: schneiden – [10] colligare: zusammenbinden – [11] codex: Holzklotz

28.3 Gleich und Gleich gesellt sich gern

Ein Bingospiel für zwei Spieler. Einer nimmt Feld B, der andere Feld A (vorige Seite). Wenn du Feld B hast, nennt dir dein Partner eins seiner Wörter; du musst aus deinen Wörtern das heraussuchen, das eine ähnliche Bedeutung hat, und darfst es dann ausstreichen. Danach sagst du eins deiner Wörter, und dein Partner sucht das Synonym und streicht es aus. Wer hat zuerst eine Reihe Wörter (waagerecht, senkrecht oder diagonal) ausgestrichen?
Tipp: Die Wörter, die du genannt hast, solltest du dir mit einem Kringel o.ä. markieren.

properare	frangere	necare	putare
quaerere	femina	complures	sed
adversarius	monere	porta	habere
inire	orare	adesse	fallere

28.5 Die Philosophin Hipparchia

Übersetze den folgenden Text; bestimme jeweils, um welches cum es sich handelt.

a) Hipparchia virgo et Crates iuvenis[1] in quadam civitate Graeciae vivebant.
b) Crates, cum e gente divite ortus esset, tamen pecunia vacare voluit.
c) Divitias et omnia bona aut alicui dono dedit aut abiecit[2].
d) Hipparchia, cum id audivisset, amore iuvenis[1] incensa est.
e) Cum eum conveniebat, amor crescebat.
f) Parentes autem ei filiam in matrimonium[3] dare negaverunt, cum Hipparchia in paupertate vivere non soleret.
g) Cum Hipparchia clementiam parentium imploraret, tandem precibus[4] eius cesserunt.
h) Ita Hipparchia non solum uxor, sed etiam discipula[5] Cratis facta est, cum is philosophus clarus esset.
i) Cum femina esset, non solum cum marito, sed etiam cum amicis eius de philosophia disputabat.
k) Saepe eis dicere solebat: „Cum feminae esse texere[6] rati sitis, optime vivo tota sapientiae dedita."

[1] iuvenis, -is, *m.*: junger Mann – [2] abicere, abicio, abieci, abicectum: wegwerfen – [3] matrimonium: Ehe – [4] preces, precum, *f. Pl.*: Bitten – [5] discipula: Schülerin – [6] texere: weben

28.6 Herzblatt

Der schüchterne Spurius möchte seiner temperamentvollen Angebeteten Cornelia einen Liebesbrief schreiben. Mit welchen Ausdrücken kann Spurius Cornelia in seinem Brief beschreiben, welche sollte er besser nicht verwenden? – Ordne die folgenden adjektivischen Ausdrücke in die Tabelle ein.

pulcherrima – durior – egregia – firmissima omnium puellarum – vehementior – tranquillissima – timidior quam ego – superbior – sapientior quam Socrates – stultior – saevior quam bestia – prudentissima – probissima puella urbis – fidelior quam Claudia – placida – optima – divina – mira – peior – improbissima puella quam cognovi – humanior – honesta – iucundior sole

++ geschmeichelt	+ nett	o unzutreffend	– nicht nett	– – beleidigend

Wiederholung: Participium coniunctum

Das Pc findest du in **17 G2, 17 G3, 17 G4, 17 G5, 17 G6, 19 G2, 19 G3** und **19 G4.**

28 W 1 Pc finden

Suche aus den folgenden Wörtern die Partizipien heraus und ordne sie in die Tabelle ein.

libenter, admiranti, ante, apti, erepto, precati, tractos, dissentis, caedenti, discentis, incerti, quanti, admiratos, nata, maestus, cessantes, tantum, rupti, consecutus, proficiscentes, reprehende, vetus, clementia, hortantes, spiritum, aegrotus, monstratum, scribentibus, impedimenti, digitos, potentes, arbitrantibus

gleichzeitig	vorzeitig

28 W 2 Pc gefüllt

Zwischen Beziehungswort und Partizip kann so allerlei stehen, vom kleinen Adverb bis zum langen Aci. – Suche aus diesem Wust von Wörtern die Partizipialkonstruktionen heraus und schreibe sie auf.

Hypatia Alexandriae nata ingenio pater filiam bene educens nostris temporibus de causis difficilibus Hypatia a discipulis dilecta dum loquebatur Hypatia in foro orationes optimas habens maiore auctoritate femina minore voce usa minor aetate discipuli mulierem libenter audientes tamquam mulier pauper homines Hypatiam sapientem esse arbitrantes

28 W 3 Pc übersetzen

Übersetze die in 28 W 2 gefundenen Partizipialkonstruktionen alle durch Unterordnung. Da der Satzzusammenhang fehlt, kannst du frei wählen, mit welcher Subjunktion du den Gliedsatz anfangen lässt. Achte aber auf das Zeitverhältnis: „während" passt nur bei Partizip Präsens, „nachdem" nur bei Partizip Perfekt.
Beispiel: Hypatia Alexandriae nata – *Nachdem Hypatia in Alexandria geboren worden war ...*

29.1 Ablativ-Training

Wie endet der Ablativ in den verschiedenen Deklinationen? – Schreibe die Endungen auf:

Singular:	____	____	____	____	____	____
	a-Dekl.	e-Dekl.	3. Dekl.	i-Dekl.	o-Dekl.	u-Dekl.
Plural:	____	____	____	____	____	____
	a-Dekl.	e-Dekl.	3. Dekl.	i-Dekl.	o-Dekl.	u-Dekl.

29.2 Partizipien-Training

Schreibe alle Partizipien im Ablativ heraus und nenne die zugehörige Form in der 1. Sg. Ind. Präs. Akt.

ante, concessis, honestis, relicto, tumultibus, censes, ingenti, pollicentibus, spiritu, concedentibus, neglecta, noctu, obstante, desperantibus, prudentibus, educta, dentibus

Partizip	1. Sg. Ind. Präs. Akt.
____	____
____	____
____	____
____	____
____	____
____	____
____	____

29.3 Satzanfang-Training

Sehr häufig steht der Ablativus absolutus am Anfang eines Satzes. Die folgenden Beispiele stammen alle aus Caesars Werk De bello Gallico. – Schreibe zu jedem Satzanfang die passende Übersetzung; manche Übersetzungen musst du mehrmals verwenden.

als das erledigt war – als er das erfahren hatte – weil er diese Pläne gefasst hatte – nach dieser Rede – trotz dieser Erlaubnis – nach Beendigung des Krieges – nachdem das Lager befestigt worden war – aufgrund dieses Beschlusses

a) quibus rebus cognitis ____

b) his rebus confectis ____

c) quo facto ____

d) hac oratione habita ____

e) bello confecto ____

f) ea re permissa ____

g) ea re constituta ____

h) castris munitis ______________________

i) his rebus gestis ______________________

k) re nuntiata ______________________

l) his nuntiis acceptis ______________________

m) his consiliis initis ______________________

29.4 Tagebuch I

Hier sind Tagebucheinträge von Caecilius Metellus durcheinander geraten. – Überlege zunächst, welcher zum Tag in Rom, welcher zu einem Tag in der Villa gehört, und kennzeichne die Sätze entsprechend. Danach kannst du versuchen, sie in die richtige Reihenfolge zu bringen. Mit Hilfe der Zeichnungen auf der folgenden Seite kannst du später die Zuordnung überprüfen und an jedes Bild den zugehörigen Buchstaben schreiben.

	Romae	in villa
a) Sole ad meridiem[1] spectante in foro oratorem[2] audivi.	☐	☐
b) Ientaculo[3] sumpto agros villamque spectavi.	☐	☐
c) Clientibus[4] acceptis multae et magnae curae mihi fuerunt.	☐	☐
d) Nocte incipiente tandem tumultus in viis finitus[5] est.	☐	☐
e) Sole occidente[6] amici e domo vicina[7] venerunt.	☐	☐
f) Die admisso[8] servo cuidam epistulas dictavi[9].	☐	☐
g) Sole oriente e lecto surrexi.	☐	☐
h) Clientibus[4] venientibus atrium intravi.	☐	☐
i) Sole orto fenestrae[10] breve tempus clausae manserunt.	☐	☐
k) In lecto iacens aves canere audivi.	☐	☐
l) Sole ad meridiem[1] spectante sub arboribus ambulans de quibusdam rebus cogitavi.	☐	☐
m) Sole occidente[6] amici e proxima villa venerunt.	☐	☐

[1] meridies: Süden – [2] orator: Redner – [3] ientaculum: Frühstück – [4] cliens: Klient – [5] finire: beenden – [6] occidere: untergehen – [7] vicinus: benachbart – [8] admittere: hereinlassen – [9] dictare: diktieren – [10] fenestra: Fenster

Reihenfolge

Romae: __ __ __ __ __ __

in villa: __ __ __ __ __ __

29.4 Tagebuch II

Wiederholung: Frageformen

Die verschiedenen Fragen findest du in **4 G4, 18 G3** und **25 G2.**

29 W 1 Fragewörter

Hier ist eine Sammlung der Fragewörter, die du schon gelernt hast. Kannst du sie noch alle?

quis, quid, cuius, cui, quem, ubi, cur, quomodo, quando, quo, quot, quantus, qualis, qui, quae, quod, qua de causa

29 W 2 Wortfragen

Wortfragen beginnen nicht nur mit einem Fragewort, sie lassen sich auch häufig mit einem Wort beantworten, allerdings nicht mit Ja oder Nein. – Beantworte die folgenden Fragen mit Hilfe des Lektionstextes S. 80; achte auf die richtigen Kasus.

a) Quam diu Caesar in Gallia bellum gerebat? ____________________

b) Quis metuit, ne Caesar Romae imperaret? ____________________

c) Cui Caesar stipendium auxit? ____________________

d) Quam gentem cum gente sua iungere contendit? ____________________

e) Quibus rebus amicos Pompei affecit? ____________________

f) Cuius auctoritatem Caesar neglexit? ____________________

g) Ubi consul poposcit, ut Caesar exercitum dimitteret? ____________________

h) Quanta ope senatui restitit? ____________________

29 W 3 Entscheidungsfragen

Entscheidungsfragen (auch Satzfragen genannt) sind die, auf die man im Deutschen mit Ja oder Nein antworten kann. Im Lateinischen benutzt man für die Antwort meistens das Prädikat, ggf. zusammen mit non. Ein Sonderfall sind die Doppelfragen, bei denen eine Alternative ausgewählt wird. – Antworte mit Hilfe des Lektionstextes S. 80; beachte auch, dass dir manchmal schon die Fragepartikel einen Hinweis gibt:

a) Restititne Caesar senatui? ____________________

b) Nonne Caesar regnare cupivit? ____________________

c) Num res pulchra est ius violare? ____________________

d) Dubitavitne Caesar ad Rubiconem flumen? ____________________

e) Utrum Caesar hominem tuba[1] canentem secutus est an non? ____________________

f) Specta imaginem, quae canem[2] tomaculumque[3] praebet: Utrum canis[2] tomaculum[3] rapiet an in tabula relinquet? ____________________

[1] tuba: Trompete – [2] canis: Hund – [3] tomaculum: Wurst

Das habe ich bis jetzt gelernt

Wenn du nicht sicher bist oder etwas vergessen hast, kannst du noch einmal auf den Grammatikseiten nachsehen. Die entsprechenden Kapitel sind in Fettdruck angegeben.

T 29.1 Pronomina (25 G1; 25 G2; 26 G2; 26 G3; 27 G1; 27 G2)

Im Lateinischen gibt es mehr Pronomina als im Deutschen; daher bekommt man leicht den Eindruck, dass es viel zu viele gibt, die alle dasselbe bedeuten. – Ordne die Pronomina den Übersetzungen zu.

aliqui, quidam, aliquis, iste, ullus, ille, qui, hic, quisquam, idem

dieser	________	________	________		☐
irgendein/irgendeiner	________	________	________	________	☐
derselbe	________				☐
jemand/ein	________				☐
was für ein/welcher	________				☐

Schreibe in jedes Kästchen den Buchstaben von einer der folgenden Aussagen:

a) Das Wort „identisch" kommt daher.
b) ali- heißt „irgend-". Es geht auch ohne.
c) Man kann sie in eine Reihenfolge bringen, die der Reihenfolge „ich, du, er/sie" entspricht.
d) Dieselben Formen bilden auch das Relativpronomen.
e) Das darf man nicht verwechseln mit „quidem – zwar, jedenfalls".

T 29.2 Konjunktiv Perfekt und Plusquamperfekt (26 G4; 26 G5; 26 G6; 27 G3; 27 G4; 27 G5)

Unterstreiche in jedem Satz die Verbform, die im Konjunktiv steht, und bestimme dessen Funktion: Potentialis, Prohibitiv, Irrealis, unerfüllbarer Wunsch. Achtung: In einem Satz darfst du nichts unterstreichen!

Aus der Rede eines Caesar-Gegners im Senat:

	Funktion
a) Ne putaveritis, senatores, Caesarem rem publicam bene recturum esse.	________
b) Nemo crediderit Caesarem rem publicam liberam servaturum.	________
c) Si Caesar primum locum in civitate adeptus erit, nos omnes servi eius erimus.	________
d) Si ullam suspicionem habuissemus, tantam potentiam Caesari non concessissemus.	________
e) Utinam ne Caesar legionibus stipendium auxisset!	________
f) Vellem legiones non Caesari, sed senatui oboedivissent.	________
g) Caesar, nisi ius violare in animo habuisset, Rubiconem flumen non traiecisset.	________

T 29.3 Unregelmäßige Steigerung (28 G1)

Ordne die Fremdwörter ihren Definitionen zu:

Pessimismus, Minimum, peiorativ, Minus, Maximum, Optimum, Plus, Major

a) Das Beste, was in einer bestimmten Lage zu erreichen ist. ____________________

b) Die Neigung dazu, immer mit dem Schlechtesten zu rechnen. ____________________

c) Eine Rechenoperation, an deren Ende die Ausgangszahl kleiner ist. ____________________

d) Eine Rechenoperation, an deren Ende die Ausgangszahl größer ist. ____________________

e) Etwas, das man nicht weiter vergrößern kann. ____________________

f) Etwas, das man nicht weiter verkleinern kann. ____________________

g) Ein Offizier, der ziemlich wichtig ist. ____________________

h) Eine herabsetzende Ausdrucksweise. ____________________

T 29.4 Ablativus absolutus (29 G1; 29 G2; 29 G3)

Betrachte die Sätze mit ihren Übersetzungen und unterstreiche jeweils den Abl. abs. Um welches gedankliche Verhältnis handelt es sich? Welche Übersetzungsmöglichkeit ist verwendet worden?
– Schreibe in die Tabelle jeweils an die richtige Stelle den Buchstaben des Satzes.

a) Praeda divisa Caesar amicitiam legionum adeptus est.
– Dadurch, dass Caesar die Beute teilte, gewann er die Freundschaft der Legionen.

b) Stipendio aucto milites Caesarem etiam magis dilexerunt.
– Wegen der Erhöhung des Soldes schätzten die Soldaten Caesar sogar noch mehr.

c) Firmissima fide servata legiones tamen causa belli civilis fuerunt.
– Die Legionen hielten eisern die Treue, trotzdem wurden sie der Grund für den Bürgerkrieg:

d) Rubicone flumine a legionibus traiecto senatui placuit rem publicam liberam defendere.
– Nachdem die Legionen den Rubikon überschritten hatten, beschloss der Senat, den freien Staat zu verteidigen.

e) Multi enim timuerunt, ne Caesare imperante res publica in periculo esset.
– Viele fürchteten nämlich, dass im Falle von Caesars Herrschaft der Staat in Gefahr sei.

	Unterordnung	Einordnung	Beiordnung
temporal			
kausal			
konzessiv			
konditional			
modal			

30.1 Rätsel

In folgendem Wortgitter sind waagerecht, senkrecht und diagonal 24 Formen von ferre versteckt (eine allerdings mehrmals). Die Buchstaben, die nicht zu einer Form von fero, tuli, latum gehören, ergeben den Namen eines Zeitgenossen von Cicero.

T	O	C	R	E	F	E	R	A	M
E	U	E	F	T	E	E	T	M	I
R	F	L	A	E	R	T	U	A	R
R	F	R	I	R	R	A	L	T	E
E	E	E	E	S	T	E	I	A	L
F	R	F	R	V	S	I	B	L	U
S	E	E	E	T	I	E	L	A	T
R	T	R	E	F	E	R	T	U	R
E	A	O	O	N	T	U	L	I	T
F	E	R	E	B	A	S	U	S	S

Der Zeitgenosse Ciceros hieß __ __ __ __ __ __ __ __ __ __.

30.2 Cicero über Antonius A 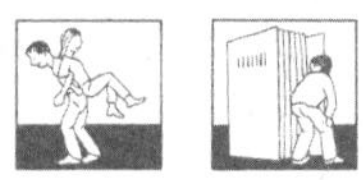

Für diese Aufgabe brauchst du einen Spielpartner; Bogen B ist auf der übernächsten Seite. Ihr wollt aus den direkten Fragen indirekte machen. Alles, was du ändern musst, findet dein Partner in einem Kasten – und umgekehrt. Wenn du Bogen A hast, fängst du an: Frage deinen Partner nach dem Wort, das du ändern oder einfügen möchtest, und er oder sie kann dir die richtige Form aus dem Kasten heraussuchen. Dann schreibst du die indirekte Frage auf, und es geht umgekehrt weiter. Zum Schluss müssen alle Wörter aus dem Kasten verbraucht sein.

1. a) Cur Antonius contra populum Romanum exercitum duxit?
   b) Cicero interrogavit,

3. a) Qualia scelera facit et fecit Antonius?
   b) Cicero nescivit,

5. a) Num creditis, patres conscripti, Antonium custodem urbis esse?
   b) Cicero scire voluit,

7. a) Cur Antonius hodie in senatum non venit?
   b) Cicero quaesivit,

esset – sibi – viderent – senatores – eos – faceret – fugeret – haberet – se

30.3 Premiere 

Marcus Bruttius berichtet seinem Freund von der ersten Senatssitzung, an der er teilnehmen durfte.
– Übersetze den Bericht und bestimme dabei jedes Mal das Zeitverhältnis zwischen Gliedsatz und Hauptsatz.

	gleichz.	vorz.
a) Heri[1], cum senatus haberetur, et ego primum adfui.	☐	☐
b) Cum senatores advenissent, curia[2] aperta est.	☐	☐
c) Dum sedes petunt, loquebantur.	☐	☐
d) Unus ex senatoribus nobis explicavit, qua de causa convocati[3] essemus.	☐	☐
e) Cicero, cum verba facere inciperet, surrexit.	☐	☐
f) Aliqui senatores gemuerunt[4], cum ille orationes longiores habere soleret.	☐	☐
g) Alii autem laeti erant, cum iam saepe orationes eius egregias audivissent.	☐	☐
h) Cicero haec fere[5] dixit: „Antonius, cum bellum contra rem publicam paraverit, quasi hostis est.	☐	☐
i) Nos autem quam celerrime agamus, cum rem publicam nostram servare debeamus!“	☐	☐

[1] heri: gestern – [2] curia: Senatsgebäude – [3] convocare: zusammenrufen – [4] gemere: stöhnen – [5] fere: ungefähr

30.4 Im Garten

Sieh dir das Bild an: Mit Hilfe der Wörter in den Körben kannst du es gut beschreiben.
Bilde lateinische Sätze dazu.

30.2 Cicero über Antonius

B  

Für diese Aufgabe brauchst du einen Spielpartner; Bogen A ist auf Seite 42. Ihr wollt aus den direkten Fragen indirekte machen. Alles, was du ändern musst, findet dein Partner in einem Kasten – und umgekehrt. Zunächst fragt er oder sie dich nach dem Wort, das geändert oder eingefügt werden muss, und du kannst die richtige Form aus dem Kasten heraussuchen. Dann schreibt dein Partner die indirekte Frage auf, und es geht umgekehrt weiter. Zum Schluss müssen alle Wörter aus dem Kasten verbraucht sein.

2. a) Quam causam ille habet bellum in patriam inferendi?
   b) Cicero interrogavit,

4. a) Qua de causa non videtis, patres conscripti, eum hostem rei publicae esse?
   b) Cicero quaesivit,

6. a) Cur ille mihi inimicissimus est?
   b) Cicero cogitabat,

8. a) Utrum me fugit Antonius an vos ludos facit?
   b) Cicero miratus est,

crederent – duxisset – venisset – eo die – faceret – fecisset – senatores

30.5 Carmina

Die folgenden Sätze stammen aus deutschen Volksliedern. Erkennst du sie?

a) Cuculus[1] et asinus[2] certaverunt, quis optime canere posset.
b) Nescio, quid significet me tam maestum esse.
c) Dicite, quis sit homo parvus, qui solus stat in silva.
d) Audi, quid foris[3] intret.
e) Scisne, quot sidera sint ...?

[1] cuculus: Kuckuck – [2] asinus: Esel – [3] foris: von draußen

30.6 Definitionen

Was gehört zusammen?

Quod ab omnibus narrari potest	pauper est.
Qui omnibus gaudiis carent	potens est.
Qui magnam pecuniam habent	veteres sunt.
Qui praeteritis temporibus vixerunt	difficile est.
Qui pecunia eget	notum est.
Cui magnum imperium est	maesti sunt.
Quod magno labore perficitur	divites sunt.

Wiederholung: Deponentien

Deponentien kommen recht häufig vor, aber es gibt nicht sehr viele. Auf dieser Seite stehen fast alle, die du bisher gelernt hast. In der Grammatik findest du sie in **20 G1**.

30 W 1 Die Wörter

Schreibe zu jeder Form den Infinitiv und die Bedeutung.

a) admirantur ______________ ______________

b) fruentur ______________ ______________

c) imitabimur ______________ ______________

d) locuti sunt ______________ ______________

e) morata sum ______________ ______________

f) morientur ______________ ______________

g) natus ______________ ______________

h) oriente ______________ ______________

i) passus est ______________ ______________

k) profecti erant ______________ ______________

l) secuta es ______________ ______________

m) suspicare ______________ ______________

n) utantur ______________ ______________

30 W 2 Die Formen

Übersetze die Formen möglichst genau.

a) conatur ______________

b) mentiris ______________

c) precati sunt ______________

d) rata est ______________

e) labentur ______________

f) adipiscimur ______________

g) aggressi erant ______________

h) consequere ______________

30 W 3 Die Partizipien

Bei Deponentien gibt es das gleichzeitige und das vorzeitige Partizip. Achtung: Das Partizip Perfekt hat aktive Bedeutung! – Übersetze:

a) Caesar in Hispania versans magnam pecuniam sibi paravit.
b) Caesar in Hispania versatus dives erat.
c) Caesar variis muneribus fungens cursum honorum transcurrit[1].
d) Caesar aliis muneribus functus tandem consulatum[2] adeptus est.
e) Senatores audiverunt Ciceronem precantem, ut Octavianus auxilio arcesseretur.
f) Senatores oboediverunt Ciceroni precato, ut Octavianus auxilio arcesseretur.

[1] transcurrere: durcheilen – [2] consulatus: Konsulat

31.1 Ein besonderer Tempel

Verbinde nacheinander die Formen von cupere, negare und praeferre, wie sie der Reihenfolge von velle, nolle und malle entsprechen. Wenn du alle Wörter verbunden hast, siehst du ein römisches Monument, das noch heute genutzt wird.

Teil 1 velis – volueram – volunt – volebamus – voluerint – vult – voluisti – vis – volent – velletis – voluero – vultis – volam

Teil 2 nolo – nolint – noles – nolite – noluerim – nolebamus – nolle – nolens – noluerunt – noluerim – non vis – nolendo – nolit – non vult – nolui

Teil 3 mavis – malebas – mallemus – maluistis – malo – maluissent – malunt – malueritis – mavult – males – malumus – malint – malunt

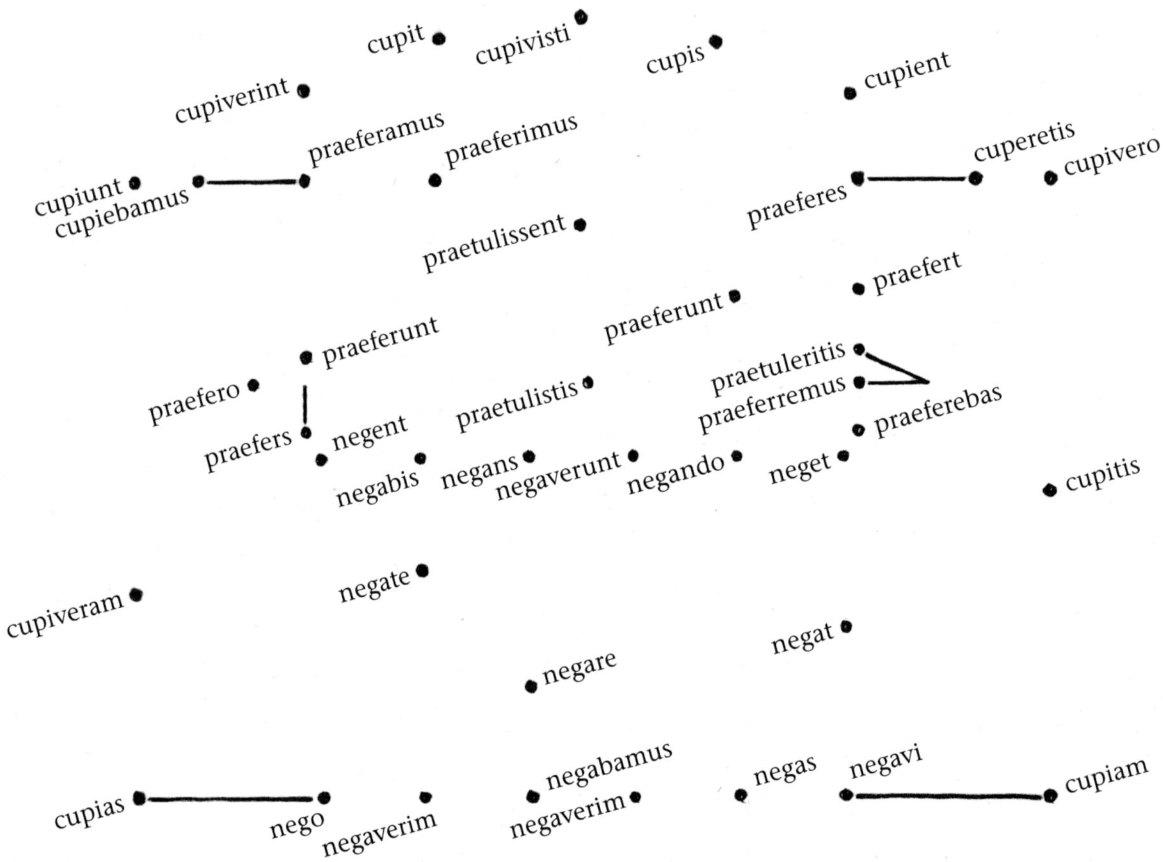

31.2 Glück oder Pech?

Zwei Freunde treffen sich auf dem Forum.

M.: Volo rem quandam tibi narrare.
P.: Ea, quae mihi narrare vis, audire nolo.
M.: Fortasse postea audire voles?
P.: Neque postea audire volam neque ante audire volui. Malo domum ire ad uxorem.
M.: Nonne me tibi dicere mavis, quid invenies in domo tua? Quem invenies?
P.: Malo frui otio[1] meo. – Vale.
M.: Iit. Otio[1] non fruetur. Modo dicere volui eum uxorem cum quodam homine in lecto inventurum esse.

[1] otium: Ruhe

31.3 Res gestae divi Augusti

In den Res gestae stellt Augustus seine Leistungen dar; leider sind aus der Inschrift Stücke herausgefallen. – Ergänze die fehlenden Stellen:

31.4 Nach Caesars Tod

Baue aus den vorgegebenen Bestandteilen die folgenden Sätze zusammen:

a) Augustus war betrübt über den Tod Caesars.

____

b) Durch die Flucht nach Ägypten hatte sich Antonius als Feind erwiesen.

____

c) Vor der Einnahme Alexandrias konnte Augustus nicht sicher sein.

____

d) Auch nach dem Sieg über Antonius war Augustus nicht frei von Sorgen.

____

Augustus – Augustus – Augustus – Antonius – aegre tulit – ante Alexandriam urbem captam – tutus non erat – Caesarem interfectum – in Aegyptum fugiens – curis non vacabat – etiam post Antonium victum – hostem se praebuerat

31.5 Bevölkerungsentwicklung

Augustus berichtet von den Volkszählungen, die er veranlasst hat. – Schreibe zu jedem Satz die korrekten Zahlen; eine Auswahl findest du unten. Die Jahreszahlen kannst du mit Hilfe der Konsul-Liste feststellen.

a) Et in consulatu sexto censum[2] populi egi. Quo lustro[3] civium Romanorum censa[4] sunt capita quadragiens[5] centum milia et sexaginta tria milia.

______________________ Einwohner

im Jahre ______________________

b) Tum iterum lustrum[3] feci C. Censorino et C. Asinio consulibus; quo lustro[3] censa[4] sunt quadragiens[5] centum milia et ducenta triginta tria milia.

______________________ Einwohner

im Jahre ______________________

c) Et tertium consulari cum imperio lustrum[3] feci Sex. Pompeio et Sex. Appuleio consulibus; quo lustro[3] censa[4] sunt civium Romanorum capitum quadragiens[5] centum milia et nongenta triginta et septem milia.

______________________ Einwohner

im Jahre ______________________

[1] Die Zahlen geben an, wie oft der Betreffende Konsul war.
[2] census: Volkszählung
[3] lustrum: Volkszählung
[4] censere *(hier):* zählen
[5] quadragiens: vierzig mal

400 233 000 – 40 937 000 – 4 063 000 – 400 937 000 – 4 000 937 – 4 937 000 – 4 233 000

Konsul-Liste (Auszug)

28	Imp. Caesar Divi filius VI[1]	M. Vipsanius Agrippa II[1]
27	Imp. Caesar Divi filius VII[1]	M. Vipsanius Agrippa III[1]
26	Imp. Caesar Divi filius Augustus VIII[1]	T. Statilius Taurus II[1]
25	Imp. Caesar Divi filius Augustus IX[1]	M. Iunius Silanus
24	Imp. Caesar Divi filius Augustus X[1]	C. Norbanus Flaccus II[1]
23	Imp. Caesar Divi filius Augustus XI[1]	A. Terentius Varro Murena
22	M. Claudius Marcellus Aeserninus	L. Arruntius
21	M. Lollius	Q. Aemilius Lepidus
20	M. Appuleius	P. Silius Nerva
19	C. Sentius Saturninus	Q. Lucretius Vespillo
18	P. Cornelius Lentulus Marcellinus	Cn. Cornelius Lentulus
17	C. Furnius	C. Iunius Silanus
16	L. Domitius Ahenobarbus	P. Cornelius Scipio
15	M. Livius Drusus Libo	L. Calpurnius Piso
14	M. Licinius Crassus Frugi	Cn. Cornelius Lentulus
13	Tiberius Claudius Nero	P. Quinctilius Varus
12	M. Valerius Messalla Barbatus Appianus	P. Sulpicius Quirinius
11	Q. Aelius Tubero	Paullus Fabius Maximus
10	Africanus Fabius Maximus	Iullus Antonius
9	Nero Claudius Drusus	T. Quinctius Crispinus Sulpicianus
8	C. Marcius Censorinus	C. Asinius Gallus
7	Tiberius Claudius Nero II[1]	Cn. Calpurnius Piso
6	D. Laelius Balbus	C. Antistius Vetus
5	Imp. Caesar Divi f. Augustus XII[1]	L. Cornelius Sulla
4	C. Calvisius Sabinus	L. Passienus Rufus
3	L. Cornelius Lentulus	M. Valerius Messalla Messallinus
2	Imp. Caesar Divi f. Augustus XIII[1]	M. Plautius Silvanus
1	Cossus Cornelius Lentulus	L. Calpurnius Piso
1	C. Iulius Caesar	L. Aemilius Paullus
2	P. Vinicius	P. Alfenus Varus
3	L. Aelius Lamia	M. Servilius
4	Sex. Aelius Catus	C. Sentius Saturninus
5	L. Valerius Messalla Volesus	Cn. Cornelius Cinna Magnus
6	M. Aemilius Lepidus	L. Arruntius
7	Q. Caecilius Metellus Creticus Silanus	A. Licinius Nerva Silianus
8	M. Furius Camillus Sex.	Nonius Quinctilianus
9	C. Poppaeus Sabinus	Q. Sulpicius Camerinus
10	P. Cornelius Dolabella	C. Iunius Silanus
11	M'. Aemilius Lepidus	T. Statilius Taurus
12	Germanicus Iulius Caesar	C. Fonteius Capito
13	C. Silius A. Caecina Largus	L. Munatius Plancus
14	Sex. Pompeius	Sex. Appuleius

Wiederholung: Konjunktiv im Hauptsatz

Den Konjunktiv im Hauptsatz findest du in **21 G1, 26 G4, 26 G6, 27 G4** und **27 G5.**

31 W 1 Die Funktionen und ihre Bezeichnungen

Fülle die Zeilen aus.

Der Konjunktiv im Hauptsatz kann Folgendes ausdrücken:	Er heißt dann (Coniunctivus) …
– die Aufforderung an andere Personen	______________
– die Aufforderung an die eigene Gruppe	______________
– das Verbot	______________
– die Möglichkeit	______________
– die Unmöglichkeit	______________
– den Wunsch	______________
– die überlegende Frage	______________

adhortativus – Irrealis – deliberativus – Potentialis – iussivus – prohibitivus – optativus

31 W 2 Funktionen erkennen 

Eine solche Rede könnte Augustus im Senat gehalten haben. – Suche die Konjunktive im Hauptsatz heraus und bestimme ihre Funktion.

	Konjunktiv-Funktion
a) Senatores equitesque nullos paene liberos habent. Utinam plures liberi ex illis ordinibus nascerentur!	______________
b) At nunc paucae gentes nobiles supersunt[1]. Quid faciamus?	______________
c) Nisi vos, patres conscripti, tam parvum numerum liberorum haberetis, ego leges Iulias non tulissem.	______________
d) Opto, ut urbs nostra crescat. Utinam domina totius orbis sit!	______________
e) Eam dominam orbis faciamus!	______________
f) Tam parvus numerus nobilium eam rem non perfecerit.	______________
g) Patres conscripti, ne demiseritis animos!	______________
h) Officia virorum impleatis!	______________

[1] superesse: übrig sein

32.1 Formen erkennen mit Gewinn

Bestimme die angegebenen Formen ganz genau; dabei hilft dir die Leiste, die darüber abgedruckt ist. Markiere jeden Buchstaben, der an der richtigen Stelle steht. So erfährst du die lateinischen Bezeichnungen für einige Berufe, die Frauen aus dem Volk offen standen. Tipp: Weibliche Berufe können auf -a, aber auch auf -x enden.

	1.	2.	3.	Sg.	Pl.	Ind.	Konj.	Präs.	Imperf.	Fut. I	Perf.	Plpf.	Fut. II	Akt.	Pass.
fiebant	n	o	p	r	i	s	u	x	t	e	c	u	m	r	s
facta sint	n	u	i	h	x	l	c	n	o	b	a	d	e	t	u
factum erat	r	s	p	o	i	n	r	u	m	e	s	a	i	s	t
fiamus	e	i	a	e	x	a	t	r	u	f	s	m	s	i	l
fierent	u	b	x	n	o	o	b	l	s	t	o	n	a	t	u
fit	a	s	e	t	e	r	u	i	m	u	l	t	a	x	y
factum erit	n	i	d	i	a	v	q	u	a	m	o	t	i	m	n
fies	f	a	q	t	r	r	t	u	o	i	q	u	e	x	a

Bäckerin: __ __ __ __ __ __ __

Wirtin: __ __ __ __ __ __ __

Weberin: __ __ __ __ __ __ __

Hebamme: __ __ __ __ __ __ __ __ __

Weissagerin: __ __ __ __ __ __ __ __ __ __

32.2 Was macht man woraus?

Setze das richtige Material und die richtige Form von fieri ein.

a) Ornamenta ______ *auro* ______ ______ *fiunt.* ______

b) Venenum ____________ ____________

c) Liber ____________ ____________

d) Carmina ____________ ____________

e) Statuae ____________ ____________

~~auro~~ – herbis – marmore – versibus – papyro

fit – fiunt

32.3 In der Kürze liegt die Würze

Die Römer schätzten im Reden und Schreiben die brevitas und deshalb auch den Ablativ, denn er eignet sich besonders gut dazu, in aller Kürze wichtige Informationen zu geben. – Füge die Übersetzungen zusammen und schreibe sie auf die richtige Zeile.

parentibus comitibus ________________________

matre invita ________________________

sua sponte ________________________

senatu auctore ______________________________

amicis ducibus ______________________________

me puero ______________________________

salvo officio ______________________________

coniuge viva ______________________________

zu … der Gattin	Verletzung	aus eigenem …	Führung
ohne … der Pflicht	Begleitung	unter … der Freunde	Lebzeiten
in meiner …	Willen	in … der Eltern	Kindheit
gegen den … der Mutter	Antrieb	auf … des Senats	Veranlassung

32.4 Formen-Ping-Pong A

Hier findest du eine Liste mit Deponentien, teils mit, teils ohne Stammformen. Du beginnst, indem du die Stammformen zum ersten Infinitiv in deiner Liste nennst. Dein Partner hat die Lösung und gibt dir einen Punkt für jede richtige Form. Dann ist dein Partner an der Reihe, die korrekten Stammformen zu nennen, und erhält von dir Punkte. Wer am Ende die meisten Punkte hat, gewinnt.

			Punkte
aggredi	____________	____________	______
oriri	orior	ortus sum	
labi	____________	____________	______
oblivisci	obliviscor	oblitus sum	
polliceri	____________	____________	______
conari	conor	conatus sum	
uti	____________	____________	______
assequi	assequor	assecutus sum	
loqui	____________	____________	______
fateri	fateor	fessus sum	
mentiri	____________	____________	______
sequi	sequor	secutus sum	
reri	____________	____________	______
mirari	miror	miratus sum	

32.5 Ein langes gemeinsames Leben

Füge mit Hilfe des Lektionstextes die Sätze richtig zusammen.

1. Sponsalia[1] fecimus illis temporibus, …
2. Tu eo tempore parentes amisisti, …
3. Multa timebamus, multa sperabamus tum, …
4. Me multum adfuisti, …

a) …, cum bellum civile commotum est.
b) …, cum ego urbem relinquere coactus sum.
c) …, cum ego in provincia fui.
d) …, cum res publica libera fuit.

[1] sponsalia: Verlobung

32.6 Eine internationale Familie

Ordne die folgenden französischen, italienischen und spanischen Wörter ihrem jeweiligen lateinischen Ursprungswort zu. Ergänze dann die unten stehenden Sätze, die typische Merkmale des Sprachwandels nennen.

Französisch: la famille, la fille, la mère, le père, le fils
Italienisch: il figlio, la famiglia, la figlia, la madre, il padre
Spanisch: la madre, la familia, el hijo, el padre, la hija

Latein	Französisch	Italienisch	Spanisch
FAMILIA	______	______	______
PATER	______	______	______
MATER	______	______	______
FILIUS	______	______	______
FILIA	______	______	______

1. Ein betontes a im Lateinischen wird im Französischen oft zu ____________.
2. Aus der lateinischen Endung -ilia wird im Französischen ____________.
3. Die Buchstabenkombination -li- im Lateinischen wird im Italienischen zu ____________, im Spanischen kann sie zu ____________ werden.
4. Aus einem f am Anfang eines lateinischen Wortes kann im Spanischen ein ____________ werden.

32.4 Formen-Ping-Pong B 

Hier findest du eine Liste mit Deponentien, teils mit, teils ohne Stammformen. Dein Partner beginnt, indem er die Stammformen zum ersten Infinitiv in seiner Liste nennt. Du hast die Lösung und gibst ihm einen Punkt für jede richtige Form. Dann bist du an der Reihe, die korrekten Stammformen zu nennen, und erhältst von deinem Partner Punkte. Wer am Ende die meisten Punkte hat, gewinnt.

			Punkte
aggredi	aggredior	aggressus sum	
oriri	______	______	______
labi	labor	lapsus sum	
oblivisci	______	______	______
polliceri	polliceor	pollicitus sum	
conari	______	______	______
uti	utor	usus sum	
assequi	______	______	______
loqui	loquor	locutus sum	
fateri	______	______	______
mentiri	mentior	mentitus sum	
sequi	______	______	______
reri	reor	ratus sum	
mirari	______	______	______

Wiederholung: nd-Formen

Die nd-Formen findest du in **12 G2** und **20 G1.**

32 W 1

Genitiv

A: Die nd-Form ist abhängig von einem Substantiv oder Adjektiv; Übersetzung: Infinitiv oder Verbalsubstantiv.

1. ars narrandi ______
2. timor ineundi ______
3. cupidus querendi ______
4. peritus inimicos accusandi ______

B: Die nd-Form steht zusammen mit causa zur Angabe des Zwecks; Übersetzung: um … zu

5. administrandi causa ______
6. se referendi causa ______
7. filiae suadendi causa ______
8. consulendi causa ______

Akkusativ

A: ad und nd-Form steht zur Angabe des Zwecks; Übersetzung: um … zu

9. ad consulendum ______
10. ad ulciscendum ______
11. ad stipendium augendum ______
12. ad conferendum ______

B: ad und nd-Form ist abhängig von einem Adjektiv; Übersetzung: (geeignet) zu/zum

13. paratus ad noscendum ______
14. ideoneus ad regnandum ______
15. diffilis ad assequendum ______
16. iucundus ad repetendum ______

Ablativ

A: in + nd-Form bezeichnet eine Gelegenheit; Übersetzung: bei/beim

17. in adiuvando ______
18. in revertendo ______
19. in praetereundo ______
20. in cogitando ______

B: nd-Form im Abl. instr. bezeichnet ein Mittel; Übersetzung: durch/dadurch, dass

21. imitando ______
22. diu orando ______
23. amicis confidendo ______
24. male tractando ______

33.1 Formen erkennen

Welche Wörter sind nd-Formen? Streiche sie aus; schreibe dann die heraus, die zwar ein n und ein d enthalten, aber keine nd-Formen sind, und übersetze sie.

stipendium – ferendorum – levandum – flendo – quando – condo – dando – deducendis – implendis – incendis – inde – opprimendas – mandas – finiendus – mundus – nondum – verendum – ostendo – revertendo – pependi – agendi – pondus – rogandus – quendam – quaerendam – respondi – tandem – iubendam – unde – levandarum – vendo – donando

33.2 Deutsche Rechtschreibung mit Latein

Hier findest du deutsche Wörter, die oft falsch geschrieben werden. Du kannst sie mit deinen Lateinkenntnissen leicht korrigieren; die Fehler streichst du am besten rot an.

Falsch ist	Richtig schreibt man	Es kommt nämlich von
Terasse		
Kolekte		
agressiv		
Konkurenz		
immitieren		
Millitähr		
inteligent		
Diferenz		
Koruption		
intresant		
apellieren		
Efekt		

33.3 Wie viel Mann?

Der Militärexperte Flavius Vegetius Renatus, der im 4. Jahrhundert n. Chr. lebte, schreibt in seinem „Abriss über das Heereswesen" über die Zusammensetzung einer Legion.
Ersetze die römischen Zahlen durch arabische und ergänze die fehlenden Zahlen im letzten Satz.

a) Sciendum autem est in una legione X (__________) cohortes esse debere.

b) Sed prima cohors reliquas et numero militum et dignitate superat.

c) Haec enim suscipit aquilam[1], quod summum signum in Romano est exercitu.

d) Habet pedites[2] MCV (__________), equites CXXXII (__________), et appellatur cohors miliaria[3];

e) haec caput est legionis, ab hac, cum pugnandum est, prima acies incipit ordinari[4].

f) Secunda cohors habet pedites[2] DLV (__________), equites LXVI (__________), et appellatur cohors quingenaria[5].

g) Aliae cohortes similiter habent pedites[2] DLV (__________), equites LXVI (__________).

h) His X (__________) cohortibus legio plena constat;

i) quae habet pedites[2] __________, equites __________.

[1] aquila: Legionsadler – [2] pedites: Fußsoldaten – [3] cohors miliaria: Tausender-Kohorte – [4] ordinare: aufstellen – [5] cohors quingenaria: Fünfhunderter-Kohorte

33.4 Viel zu tun

Der Lehrer Lysander hat heute viele Aufträge für seine Schüler. Wie würde jemand, der die Szene beobachtet, dies ausdrücken? – Formuliere die Sätze nach dem Beispiel um, indem du die nd-Form, eine Form von esse und den Dativus auctoris verwendest.
Beispiel: Discipuli, orationem Ciceronis legite! → *Discipulis oratio Ciceronis legenda est.*

a) Discipuli, verba magistri audite!

____

b) Livia, tabulam cape!

____

c) Quinte, multas sententias scribe!

____

d) Marce, res gestas Augusti lauda!

____

33.5 Passen Frauen und Männer zusammen?

Lies dir den Text durch und kreuze dann von den deutschen Sätzen den an, der den Inhalt korrekt wiedergibt. – Bei richtiger Lösung erfährst du aus den Buchstaben ein lateinisches Wort für Hochzeit, das du bisher noch nicht kanntest – aber nur, wenn du von unten nach oben liest.

Metellus Numidicus orationem habuit apud populum de ducendis uxoribus. Qua oratione ad matrimonia[1] capessenda[2] hortatus est; dixit: „Si sine uxore vitam agere possemus, omnes eo gravi onere careremus. Natura autem tradidit, ut nec cum illis satis commode[3] nec sine illis ullo modo vivere possimus. Ergo matrimonio[1] quam felicissimo consulendum est.“

[1] matrimonium: Ehe – [2] capessere: (die Ehe) schließen – [3] commodus: bequem

1. a) Metellus Numidicus hielt eine Rede vor dem Volk zum Thema Ehe. ☐ M

   b) Metellus Numidicus hielt eine Rede vor dem Senat zum Thema Ehe. ☐ S

2. a) In dieser Rede wurde er zur Heirat gemahnt. ☐ E

   b) In dieser Rede mahnte er zur Heirat. ☐ U

3. a) Wir lassen die Frauen nicht leben. ☐ S

   b) Ohne Frauen können wir nicht leben. ☐ I

4. a) Die Ehe ist eine schwere Last. ☐ B

   b) Wir sind frei von dieser schweren Last. ☐ U

5. a) Die Natur hat es so eingerichtet. ☐ U

   b) Die Natur hat den Weg übergeben. ☐ N

6. a) Obwohl wir satt sind, ist es nicht bequem. ☐ I

   b) Mit den Frauen können wir nicht richtig bequem leben. ☐ N

7. a) Ohne Frauen können wir gar nicht leben. ☐ O

   b) Wir können jene auf jede Weise leben lassen. ☐ S

8. a) Also müssen wir jemanden um Rat fragen, der glücklich verheiratet ist. ☐ A

   b) Also muss für eine möglichst glückliche Ehe gesorgt werden. ☐ C

Das lateinische Wort für Hochzeit lautet __ __ __ __ __ __ __ __.

Wiederholung: Objekte

Objekte findest du in **1 G1, 2 G6, 7 G1, 8 G1, 12 G2, 22 G1** und **32 G3.**

33 W 1 Kasus

In welchen Kasus können Objekte auftreten? Das hängt vom jeweiligen Verb ab. – Schreibe zu jedem Ausdruck die Übersetzung und den oder die Kasus der lateinischen Objekte.

		Kasus
a) urbem videre	________________________	________
b) matri respondere	________________________	________
c) servis pecuniam promittere	________________________	________
d) amicorum oblivisci	________________________	________
e) arce potiri	________________________	________

33 W 2 Wortarten und Konstruktionen

Welche Wortarten, Konstruktionen oder Gliedsätze können als Objekt dienen? – Streiche die falschen weg.

Kausalsatz – Konjunktion – Substantiv – Infinitiv – Aci – Adverb – Begehrsatz – Pronomen – Temporalsatz

33 W 3 Anwendung

Kennzeichne in allen Sätzen die Objekte durch (Klammern). Achtung: Ein Satz enthält kein Objekt, weil das Verb kein Objekt benötigt.

a) Quodam die in castris Romanis seditio orta est.

b) Milites castra non iam muniebant.

c) Militiam duram ferre non iam volebant.

d) Quid tum faciebant?

e) Centurionibus[1] non oboediverunt.

f) Nuntios eis miserunt.

g) Ii poposcerunt, ut militia durissima levaretur.

h) Clamaverunt rem publicam Romanam in manibus militum sitam esse.

i) Omnes milites officiorum obliti sunt.

k) Vi et armis usi sunt in centuriones[1].

[1] centurio: Hauptmann

Das habe ich bis jetzt gelernt

T 33.1 ferre (30 G1)

Ordne die Formen von ferre in das Schema ein. Bestimme von den Passiv-Formen jeweils das Tempus. Eine Form bleibt übrig: welche ist es?

feremur, fero, ferimus, lata erat, fers, ferri, fert, ferimini, lati sunt, fertis, ferebar, fereris, ferunt

		Präs. Akt.	Passiv	Tempus?
Sg.	1.			
	2.			
	3.			
Pl.	1.			
	2.			
	3.			

Übrig ist ______________________. Es ist der ______________________.

T 33.2 velle, nolle, malle, fieri (31 G1; 32 G2)

Von den folgenden Formen lassen sich 8 Paare bilden. Die Formen sind jeweils gleich in Person, Numerus und Tempus, aber unterschiedlich im Modus (d.h. jeweils eine steht im Indikativ, die andere im Konjunktiv). – Trage sie ein.

noluerunt, fiant, nolim, malunt, volo, maluerint, vis, nolebat, maluerant, malis, voluistis, ~~noluerit~~, voluissent, fieret, ~~factum est~~, facti sitis

Indikativ	Konjunktiv
factum est	*noluerit*

T 33.3 Indirekte Fragesätze und Zeitverhältnis (30 G2; 30 G3)

Unterstreiche in den folgenden Sätzen den indirekten Fragesatz und bestimme sein Zeitverhältnis zum Hauptsatz.

	Zeitverhältnis
a) Cicero interrogavit, quanta esset crudelitas Antonii.	______________
b) Rogavit, num senatores crederent eum virum bonum esse.	______________
c) Cur Antonius tantas iniurias fecisset, e senatoribus quaesivit.	______________
d) Tum scire voluit, cur ad id tempus nihil contra Antonium factum esset.	______________
e) Dixit: „Vos interrogo, quando Antonius coeperit bellum in patriam inferre.	______________
f) Non intellego, cur nemo naturam eius perspiciat.	______________
g) Nescio, utrum stulti sitis an inimici libertatis.“	______________

T 33.4 nd-Formen I

Übersetze:

in oppugnando ______________________________

in oppugnanda urbe ______________________________

ad clamandum ______________________________

ad fratres vocandos ______________________________

cupidus regnandi ______________________________

cupidus rei publicae regendae ______________________________

T 33.5 nd-Formen II

Unterstreiche in den folgenden Sätzen die nd-Form, die Form von esse und den Dat. auctoris, falls vorhanden. Achtung: Auch ohne eine Form von esse kann eine Notwendigkeit ausgedrückt werden. Markiere in diesem Fall die „Leerstelle", an der du dir die Form von esse denken musst.

a) Seditio Germanico coercenda erat.
b) Primum liberi servandi erant.
c) Tum autem Germanicus constituit etiam feminas ad Treveros portandas.
d) Sciebat enim quietem in castris sibi restituendam.

Übersetze die Sätze. Verwende immer dann das Aktiv, wenn ein Dat. auctoris vorhanden ist.

____

____

____

____

____

____

34.1 Nützliches

Verbinde die Formen von prodesse miteinander in der Reihenfolge, wie sie den Formen von adiuvare entsprechen. Du siehst dann einen Gegenstand, der für die römischen Soldaten sehr nützlich war.

adiuvatis, adiuvat, adiuvate, adiuvas, adiuverit, adiuvemus, adiuvabant, adiuvo, adiuverim, adiuvisti, adiuvarem, adiuvamus, adiuvant, adiuvabis, adiuvabatis, adiuverant, adiuvisse, adiuvet, adiuvi, adiuvent, adiuvaret, adiuvabit, adiuvare, adiuvissent, adiuturum esse

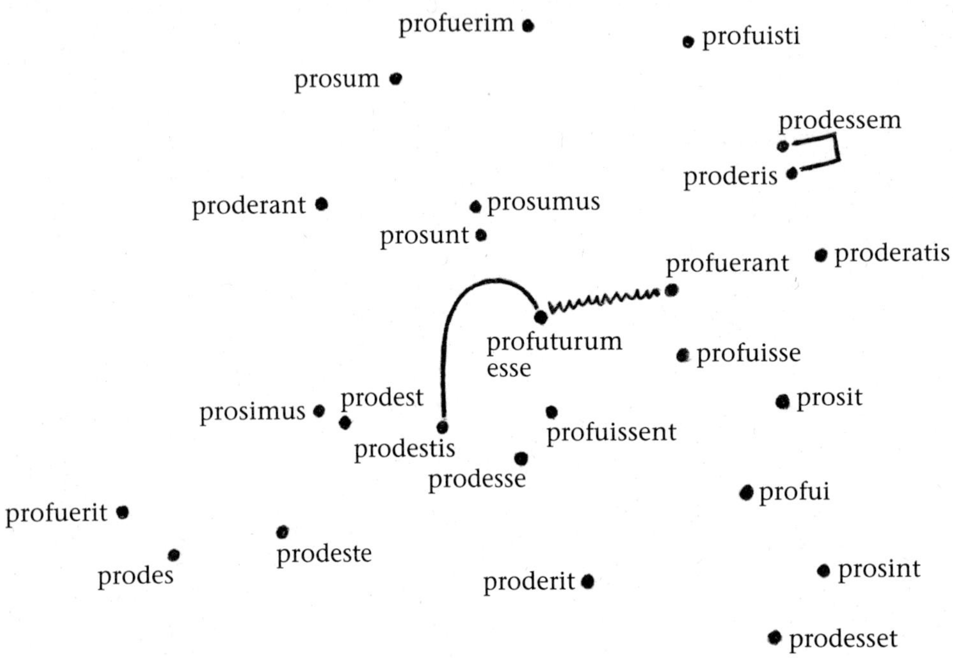

34.2 Die Vergangenheit

Die folgenden Verbformen stehen alle im Perfekt. Wandle sie in das historische Präsens um und übersetze sie dann.

a) dedit __________ __________

b) dedidit __________ __________

c) obtulit __________ __________

d) obiecit __________ __________

e) obstitit __________ __________

f) suscepit __________ __________

g) sustinuit __________ __________

h) processit __________ __________

i) prodidit __________ __________

k) profuit __________ __________

l) progressus est __________ __________

34.3 Das Standbild des Kaisers

Kaiser Caligula hat den Legaten Petronius damit beauftragt, die Statue des Kaisers im Tempel von Jerusalem aufzustellen. Dabei trifft Petronius auf eine Delegation von Juden mit ihrem Sprecher Josephus. – Es wird dir nicht schwer fallen, den Text zu verstehen, nachdem du sorgfältig die beiden Artikel gelesen hast.

Bilderverbot

Im Gegensatz zu Römern und Griechen hatten die Juden kein Bild ihres Gottes in ihrem Tempel. Sie beriefen sich auf das erste Gebot, „Du sollst dir kein Bildnis machen", und lehnten daher Bilder von Gott oder Menschen als Sünde ab, nicht nur im Tempel, sondern auch an anderen Orten.

Kaiserkult

Die Römer betrachteten Opfer und Gebete nicht als Privatsache des Einzelnen, sondern als Handlung, die das Gemeinwesen anging: sie wollten die Götter zufriedenstellen, damit diese dem Staat Glück und Erfolg schenkten. Sie verlangten zudem, dass in allen Provinzen der Kaiser verehrt wurde, und stellten überall Kaiserstatuen auf; wer diese – stellvertretend für den Kaiser – verehrte, bewies, dass er ein treuer römischer Bürger oder Untertan war. Durch den Kaiserkult sollte die Verbindung der Provinzen zu Rom gefestigt werden.

P.: Ego veni, ut simulacrum[1] Caesaris principis in templo statuam.
I.: Ne violaveris sanctissimum templum dei nostri!
P.: Quid querimini? In omnibus provinciis, in omni oppido non solum dei sacrificiis coluntur, sed etiam Caesar.
I.: Nullam imaginem in templo patimur, ne dei quidem nostri; neque in aliis locis ulla simulacra habemus vel dei vel hominis cuiusquam.
P.: Si simulacrum Caesaris non accipitis, Caesarem ipsum aspernamini[2]. Ea est seditio!
I.: Seditionem accendere nolumus, immo vero cottidie[3] Caesari sacrificia facimus. At totus populus tibi necandus erit, priusquam simulacrum[1] illius in templum colloces!

[1] simulacrum: Standbild – [2] aspernari: verachten – [3] cottidie: täglich

34.4 Sehr witzig!

Iudaeus quidam ad murum templi Hierosolymorum stat et queritur: „Vae, Deus! Quid faciam? Filius meus, quem semper in fide Iudaea educavi[1], Christianus[2] fit." Deus e caelo respondet: „Noli flere! Etiam filius meus Christianus factus est." Iudaeus autem interrogat: „Et quid fecisti?" – „Novum testamentum scripsi."

[1] educare: erziehen – [2] Christianus: Christ/christlich

34.5 Tempel-Quiz

Wenn du alle Fragen richtig beantwortet hast, erfährst du, von unten nach oben gelesen, den Namen eines römischen Gottes, der Waffen schmieden kann. Beachte: Einmal sind auch mehrere Antworten richtig.

1 Quem colebant Romani?
- unum deum F
- neminem R
- multos deos et deas S

2 Ubi templa Romanorum plerumque sita erant?
- in foro oppidi V
- in silva D
- in hortis I

3 Ubi ara templi sita erat?
- media in aede G
- ante templum N
- post templum H

4 Ubi statuae deorum et dearum ponebantur?
- in templo A
- sub templo O
- in tecto templi E

5 Cui licebat sacra facere?
- sacerdotibus[1] C
- patri familiae L
- mulieribus B

6 Quid deis immolabatur[2]?
- aqua D
- aurum I
- animalia et fructus U

7 Ubi populus sacrificio interfuit?
- in templo P
- ante templum V
- populus non interfuit M

[1] sacerdos: Priester – [2] immolare: opfern

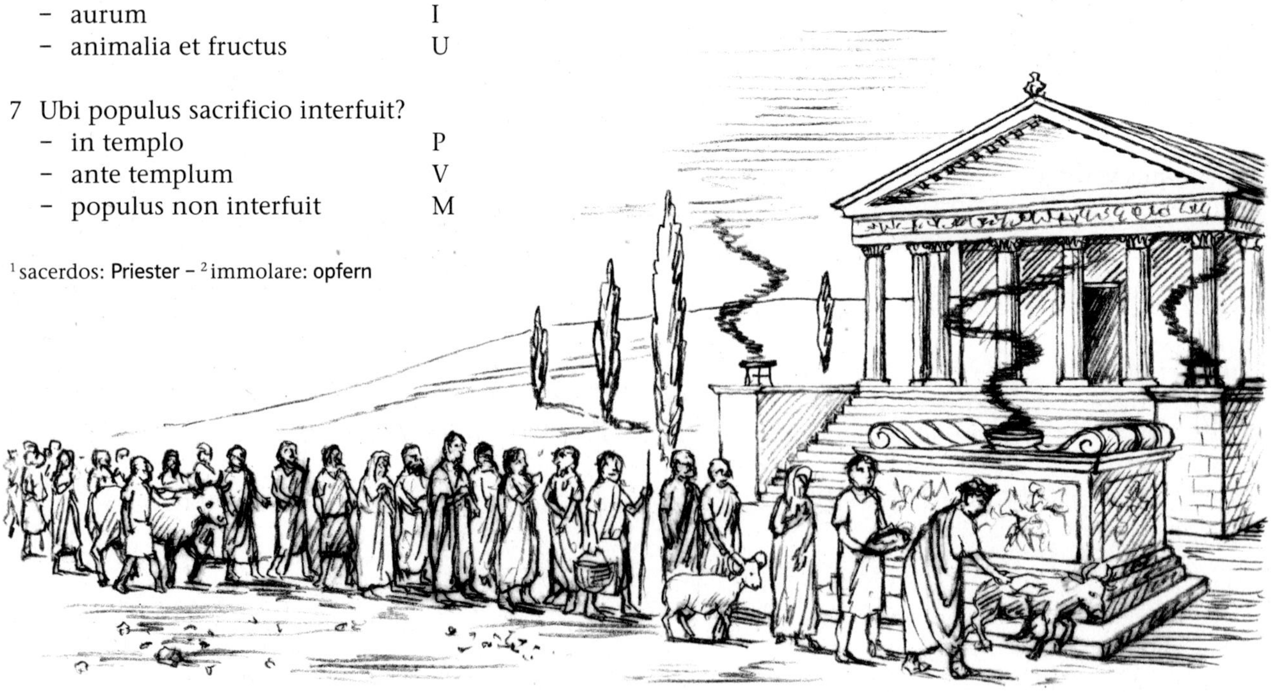

Der römische Gott heißt __ __ __ __ __ __ __ __.

Wiederholung: Pronomina II

Weitere Pronomina findest du in **26 G2, 26 G3, 27 G1** und **27 G2.**

34 W 1 Allerlei Fragen

Diese Fragen kannst du sicher leicht verstehen.

a) Quis Hierosolyma expugnare voluit?
b) Quae pars urbis ultima expugnata est?
c) Quod aedificium moenibus firmissimis munitum erat?
d) Quibus instrumentis Romani moenia frangere conabantur?
e) Qua de causa id non contigit?
f) Quid tum faciebant?
g) Quae aedificia igne comprehensa sunt?
h) Qui milites gladiis impetum fecerunt?
i) Quo die templum tandem expugnatum est?

34 W 2 Allerlei Reden

Unterstreiche von den Pronomina jeweils den Teil, der genauso dekliniert wird wie die Interrogativpronomina aus 34 W 1.

a) „Aliquis praedam meam abstulit!"
b) „Non vidi quicquam."
c) „Quaedam aedificia non iam direpta sunt."
d) „Num quae pars urbis non iam expugnata est?"
e) „Iudaei metuunt, ne qui milites libros sanctos rapiant."
f) „In quibusdam locis magnae copiae auri vel pecuniae relictae sunt."
g) „Si quod aurum invenero, inopiam familiae levabo."
h) „Eadem de causa et ego miles sum."
i) „Eodem modo iam multi divites facti sunt."

34 W 3 Allerlei Wendungen

Indefinitpronomina kommen häufig in ganz bestimmten Wendungen vor; wenn du die beherrschst, ist viel gewonnen. – Ordne die Übersetzungen zu.

a) Num quis venit? ______________________

b) Vix quisquam venit. ______________________

c) ... ne quis veniat. ______________________

d) Dixerit quis. ______________________

e) Nihil umquam vidi. ______________________

f) Si quid vides, ... ______________________

g) Neque quicquam video. ______________________

ich sehe aber nichts – jemand könnte sagen – wenn du etwas siehst – kommt etwa jemand – ich habe noch nie etwas gesehen – damit niemand kommt – kaum jemand kommt

35.1 (Fast) dasselbe

Jeweils zwei der folgenden Ausdrücke bedeuten mehr oder weniger dasselbe. – Stelle sie zusammen und schreibe die deutsche Bedeutung dazu.

aliqui contendunt – sunt, qui explicent – sunt, qui metuant – quidam putabant –
sunt, qui dicant – erant, qui arbitrarentur – quidam timent – nonnulli demonstrant

______________ } ______________
____

______________ } ______________
____

______________ } ______________
____

______________ } ______________
____

35.2 An Imperial Wall

Im Norden von England gibt es einen noch heute erkennbaren Wall, der auf Veranlassung eines römischen Kaisers gebaut wurde, um die Grenze des Reiches zu markieren. – Schreibe zu jedem Wort seine Grundform und die deutsche Bedeutung; die Buchstaben in den Kästchen nennen dir den vollständigen Namen des Kaisers.

	Grundform	Bedeutung
hospitem	☐☐☐■☐☐	______
fructibus	☐☐☐☐☐■☐	______
nobili	☐☐■☐■☐☐	______
reditu	☐☐☐■☐■☐	______
equiti	☐☐☐☐■	______
vati	☐■☐■☐	______
amplarum	☐☐☐■☐☐	______
direptum	☐☐☐■☐☐☐☐	______
suspicione	☐■■☐☐☐☐☐	______
cohortum	☐☐■☐☐☐	______
suasi	☐☐■■☐☐☐	______
crebri	☐☐☐☐☐■	______
nationi	☐☐☐■☐	______
tyranni	☐☐☐■■☐☐☐	______
foedera	☐☐☐☐■■	______

Der Kaiser hieß _.

35.3 Britons and Britain

Übersetze die jeweils ersten Sätze mündlich, den letzten schriftlich.

a) *Nonnulli dicunt: Incolae Britanniae e Belgio venerunt.*
Sunt, qui dicant incolas Britanniae e Belgio venisse.

____

____

b) *Quidam scribunt: Omnes Britanni se vitro[1] inficiunt[2].*
Sunt, qui scribant omnes Britannos se vitro[1] inficere[2].

____

____

c) *Nemo dicit: Caelum Britanniae mihi placet. Causa sunt imbres[3] crebri. Caelum Britanniae imbribus[3] crebris atrocissimum est.*
Non est, qui dicat caelum Britanniae imbribrus[3] crebris atrocissimum sibi placere.

____

____

d) *Aliqui contendunt: Britanni quibusdam herbis et aqua fervida[4] potionem[5] parant.*
Sunt, qui contendant Britannos quibusdam herbis et aqua fervida[4] potionem[5] parare.

____

____

[1] vitrum: Waid (blaue Farbe) – [2] inficere *(hier):* färben – [3] imber: Regenguss – [4] fervidus: kochend – [5] potio: Getränk

35.4 How many Britons?

Sortiere nach der Menge in aufsteigender Reihenfolge.

a) magna pars Britannorum

b) aliqui Britannorum

c) omnes Britanni

d) nemo Britannorum

e) aliquis Britannorum

__ __ __ __ __

35.5 Very British? Very Latin!

longus – nobilis – regnare – victoria – salvus – gloria – gratia

Sicher kennst du die britische Nationalhymne. Aber wusstest du schon, wie viel Latein sie enthält? Sieben der insgesamt 19 verschiedenen Wörter des Hymnentextes stammen aus dem Lateinischen oder sind mit lateinischen Wörtern verwandt.
– Ordne die lateinischen Wörter aus dem Kasten ihren englischen „Verwandten" zu.

God save our gracious Queen!
Long live our noble Queen!
God save the Queen!
Send her victorious,
Happy and glorious,
Long to reign over us,
God save the Queen.

Englisch	Latein
______	______
______	______
______	______
______	______
______	______
______	______
______	______

35.6 Lagerromantik? 

Beim römischen Militär war alles geregelt, auch der Bau eines Lagers. – Unterstreiche jeweils die deutschen Aussagen und die entsprechenden Textstellen mit derselben Farbe und stelle fest, ob die Aussagen richtig sind. Korrigiere sie, falls nötig.

1. Wozu dient ein Lager?
   Castra munire miles discat; nihil enim tam necessarium est in bello. Si enim recte constituta sunt castra, milites, etiam si a hostibus opprimantur, tuti post vallum dies noctesque agunt, quasi muratam[1] civitatem secum ubique portent.

	r	f
a) Alle römischen Soldaten lernten den Lagerbau.	☐	☐
b) Es gibt viele Dinge, die im Krieg wichtiger sind als der Bau des Lagers.	☐	☐
c) Die Soldaten halten sich nur nachts im Lager auf.	☐	☐
d) Ein Lager ist wie eine tragbare Stadt.	☐	☐

Richtig ist: ______________________________

____

2. Wo soll man ein Lager anlegen?
   Castra autem tuto semper facienda sunt loco, ut neque ligno[2] neque cibis neque aqua careant milites. Etiam cavendum est, ne mons sit propinquus aut collis altior, a quo adversarii tela iacere possint. Spectandum est, ne campus inundaretur[3] aqua.

	r	f
e) Ein Lager kann an jedem beliebigen Platz aufgebaut werden.	☐	☐
f) Bei der Auswahl des Lagerplatzes muss darauf geachtet werden, dass dort genug Brennholz, Nahrung und Wasser vorhanden sind.	☐	☐
g) Es ist günstig, wenn ein Berg oder ein Hügel in der Nähe des Lagerplatzes ist.	☐	☐
h) Das Lager sollte nicht in einem häufig überschwemmten Gebiet aufgeschlagen werden.	☐	☐

Richtig ist: ______________________________

____

[1] muratus: mit Mauern befestigt – [2] lignum: Holz – [3] inundare: überschwemmen

Wiederholung: Steigerung

Die Steigerung findest du in **23 G1, 23 G4, 24 G1, 28 G1** und **28 G3.**

35 W 1 Eingangstest

Kreuze an (manchmal sind mehrere Antworten richtig).

a) Wie heißt die ungesteigerte Form des Adjektivs?	☐ Negativ	☐ Positiv	☐ Elativ
b) Woran erkennst du den Komparativ?	☐ -ius	☐ -(i)or	☐ -ium
c) Woran erkennst du den Superlativ?	☐ -issimus	☐ -illimus	☐ -errimus
d) Welcher Deklination folgt der Komparativ?	☐ der 3.	☐ der o-/a-	☐ derselben wie der Positiv
e) Welcher Deklination folgt der Superlativ?	☐ der 3.	☐ der o-/a-	☐ derselben wie der Positiv
f) Lassen sich auch Adverbien steigern?	☐ nein	☐ nur wenige	☐ die meisten

35 W 2 Anwendung

a) Übersetze die Formen. Achtung: Nicht alle Wörter stehen im Komparativ.

peior ______________________ progredior ______________________

gratior ______________________ minor ______________________

gratia ______________________ asperius ______________________

nobilior ______________________ gladius ______________________

b) Übersetze die Formen. Achtung: Nicht alle Wörter stehen im Superlativ.

laetissimus ______________________ facillimus ______________________

promissus ______________________ tranquillus ______________________

pauperrimus ______________________ minimus ______________________

proderimus ______________________ ultimus ______________________

c) Adverbien, die von Adjektiven abgeleitet werden, können ebenfalls gesteigert werden.
– Setze Namen deiner Wahl in die folgenden Sätze ein.

______________________ celeriter currit. ______________________ bene discit.

______________________ celerius currit. ______________________ melius discit.

______________________ celerrime currit. ______________________ optime discit.

d) Auch einzelne Adverbien sind manchmal gesteigert. – Trage die Bedeutungen und die Grundform des Adverbs ein:

	Bedeutung	Grundform
citius	______________________	______________________
diutissime	______________________	______________________
saepius	______________________	______________________

36.1 Geschickt

Welche Schleife gehört auf welches Päckchen? Verbinde sie miteinander.

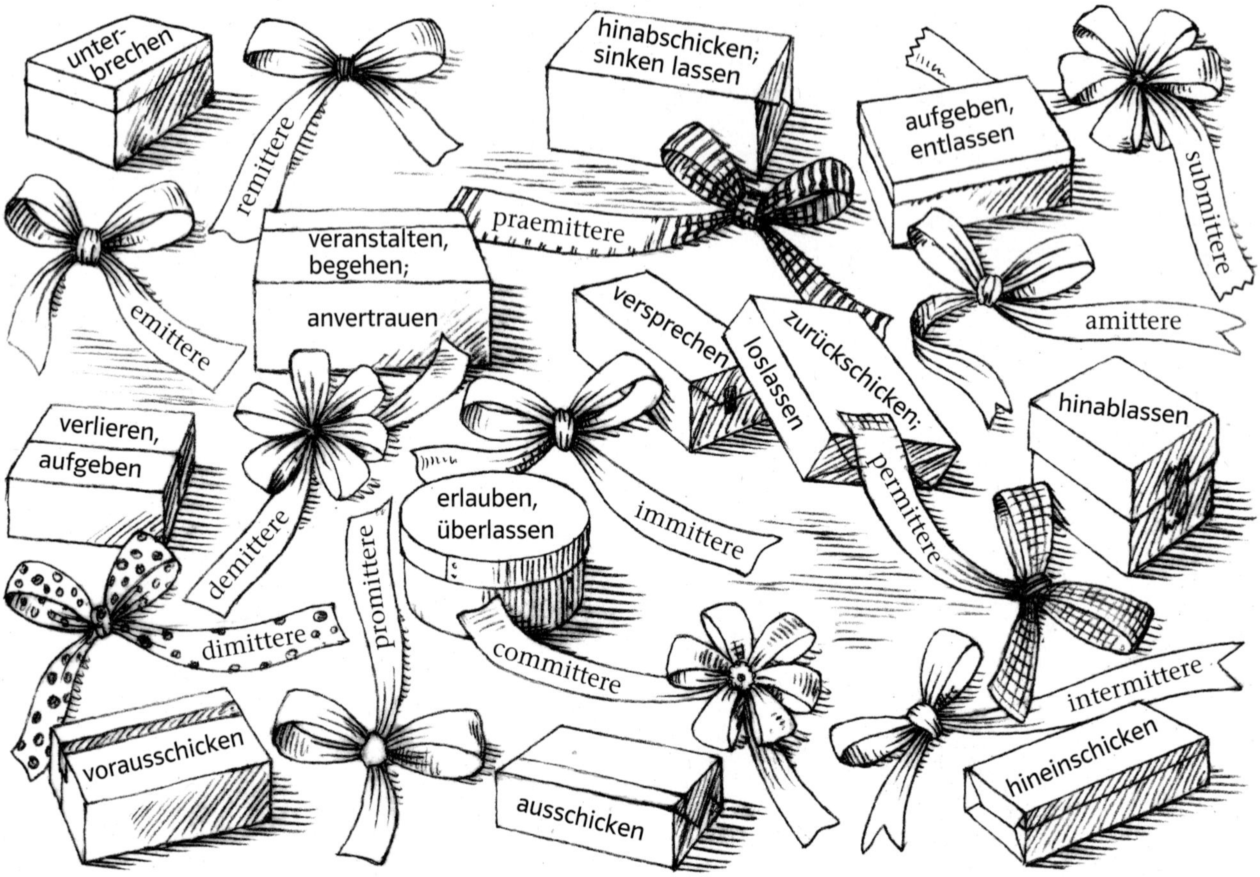

36.2 Die Pflichten des Statthalters 

Suche das richtige Verb heraus.

a) Traianus Plinio provinciam quandam avertendam/serviendam/administrandam dedit.
b) Libenter Plinius officii munera accusanda/ignoranda/implenda suscepit:
c) Sacrificia pro salute principis rite[1] perturbanda/facienda/admonenda curavit.
d) Quibusdam civibus diplomata[2] perspicienda/perficienda/perferenda curavit.
e) Quandam civitatem aedificiis pulchris ornandam/praecipiendam/differendam curavit.

[1] rite: richtig – [2] diploma, -atis *n.*: Reisepass

36.3 Baupläne 

In der Stadt Tifernum besitzt Plinius eine villa und viel Land. Für diesen Ort hat er ganz besondere Pläne. – Unterstreiche jedes PFA und nenne sein Bezugswort.

a) Plinius templum aedificaturus agrum apud oppidum Tiferni emit.
b) Sed morbus officiique curae Plinium aedem mox erecturum diu retinuerant.
c) Aedem novam statua Traiani ornaturus imperatorem tamen rogavit, ut id sibi permitteret.
d) Quod Traianus amico sibi honorem praestaturo non negavit.
e) Tum Plinius templum aedificaturus et etiam villam visurus Tifernum profectus est.

36.4 Geheimnisse der Schönheit I

Ein paar freche Jungs haben sich schon immer gefragt, wie die Herrin es schafft, so toll auszusehen. Endlich wagen sich zwei vor und spionieren; der erste schaut durch den Türspalt und flüstert dem zweiten zu:

a) Domina in sella[1] sedet.

b) Serva quaedam capillos[2] ornat.

c) Alia serva aquam apportat.

d) Tertia serva arcam[3] tenet.

e) Serva gratissima cerussam[4] adhibet.

f) Etiam paulum unguenti[5] in dominam fundit.

g) Tandem ultima serva ei speculum[6] praebet.

[1] sella: Sessel – [2] capillus: Haar – [3] arca: Kästchen – [4] cerussa: weiße Schminke – [5] unguentum: Parfüm – [6] speculum: Spiegel

36.5 Geheimnisse der Schönheit II

Der zweite erzählt es den anderen weiter. – Vervollständige seine Sätze so, dass die abhängigen Aussagen als Acp erscheinen.

a) Videt ____*dominam*____ in sede ____*sedentem*____.

b) Videt ________________ ________________ capillos ________________.

c) Videt ________________ ________________ aquam ________________.

d) Videt ________________ ________________ arcam ________________.

e) Videt ________________ ________________ cerussam ________________.

f) Videt ________________ etiam paulum unguenti in dominam ________________.

g) Videt tandem ________________ ________________ ei speculum

________________.

36.6 Latein beim Arzt

Nachdem Robert vom Baum gefallen war, hatte er eine Läsion der Hornhaut des rechten Auges, eine Ruptur der Milz und eine commotio cerebri[1]. Seine Mobilität war auch nach der Reposition des ausgerenkten Schultergelenks noch für eine Weile eingeschränkt.

[1] cerebrum: Gehirn

„Übersetze" die Fremdwörter und schreibe das zugrunde liegende lateinische Verb dazu.

Läsion	______________________	______________________
Ruptur	______________________	______________________
commotio	______________________	______________________
Mobilität	______________________	______________________
Reposition	______________________	______________________

36.7 Fünfmal ein Dutzend Zahlen

Französisch: neuf – onze – six – quatre – un – douze – trois – deux – dix – huit – cinq – sept
Italienisch: sette – due – otto – dieci – dodici – nove – quattro – uno – sei – undici – tre – cinque
Spanisch: dos – onze – ocho – un – diez – siete – cinco – tres – doze – cuatro – seis – nueve
Portugiesisch: doze – nove – sete – um – oito – cinco – três – quatro – dez – dois – seis – onze

Bringe zuerst Ordnung in die Zahlen auf Französisch, Italienisch, Spanisch und Portugiesisch und trage sie in der richtigen Reihenfolge in die Tabelle ein. Ergänze dann die Zahlen auf Latein.

	Latein	Französisch	Italienisch	Spanisch	Portugiesisch
1					
2					
3					
4					
5					
6					
7					
8					
9					
10					
11	undecim				
12					

Wiederholung: Die Funktionen des Genitivs

Den Genitiv findest du in **6 G1, 10 G4, 15 G2** und **35 G4.**

36 W 1 Sil-ben-rät-sel

Du hast bisher die Grundfunktion des Genitivs kennen gelernt: die Angabe des Bereichs, dazu noch fünf spezielle Funktionen. – Setze ihre Namen aus den vorgegebenen Silben zusammen.

> iec – iec – li – ob – par – pos – qua – ses – si – sub – ta – ti – ti – ti – ti – tis – vus – vus – vus – vus

______________________ bezeichnet eine Eigenschaft.

______________________ benennt den Besitzer.

______________________ benennt den Verursacher („Täter") einer Handlung.

______________________ gibt die Zugehörigkeit zu einer Menge an.

______________________ benennt den Betroffenen („Opfer") einer Handlung.

36 W 2 Anwendung

Schreibe zu jedem Satz die Funktion des Genitivs.

	Genitivus
a) Plinius Nicomediam vectus est; fuit iter unius diei.	______________________
b) Ibi in domo cuiusdam amici habitavit.	______________________
c) Spes sermonum iucundorum eum adduxerat.	______________________
d) Postero die Plinius omnes oppidi partes visit.	______________________
e) Postea Traiano imperatori litteras misit et decreta eius exspectavit.	______________________

36 W 3 Der Sonderfall

Welche Aussagen über die Pflichten eines Statthalters (proconsul) sind richtig?

	verum	falsum
a) Proconsulis est provinciam administrare.	☐	☐
b) Proconsulis est de multis rebus dubitare.	☐	☐
c) Proconsulis est monumenta publica visere.	☐	☐
d) Proconsulis boni est negotia publica neglegere.	☐	☐
e) Proconsulis boni est potestate prudenter uti.	☐	☐

37.1 Im Verhör I 

Drei Männer stehen wegen Diebstahls vor Gericht. Die Anklage ist soeben verlesen worden. Sie sind empört und widersprechen. – Setze die passenden Pronomina ein und übersetze.

a) ____________________ dixit nos furtum[1] fecisse, mentitus est!

b) ____________________ aurum deest, nos ei aurum non rapuimus!

c) ____________________ testes[2] viderunt, nos non eramus!

d) ____________________ nocte furtum[1] factum est, nos in lecto dormiebamus!

e) ____________________ modo res apparet, innocentes[3] sumus!

f) ____________________ facimus, honesta et bona sunt!

g) ____________________ accidit, credite nobis!

quoscumque
quoquo
quisquis
quacumque
quidquid
quaecumque
cuicumque

[1] furtum, *-i, n.*: Diebstahl – [2] testis, *-is, m.*: Zeuge – [3] innocens: unschuldig

37.2 Juristenlatein

Ein junger, noch unerfahrener Anwalt will sein erstes Plädoyer mit ein paar lateinischen Einsprengseln professioneller erscheinen lassen. Hilf ihm dabei, indem du die passenden lateinischen Ausdrücke einsetzt.

Hohes Gericht,

die Bedingung für eine gerechte Entscheidung ist eine klare Sachlage. Doch diese erschließt sich im vorliegenden Falle nicht *auf den ersten Blick* ____________________. Aber kommen wir *direkt zur Sache* ____________________:

Der Angeklagte hat ausgeführt, er sei *in Abwesenheit* ____________________ zum Abteilungsleiter befördert worden. Der damalige *Stand der Dinge* ____________________ beim fraglichen Geschäftsabschluss sei ihm daher zunächst entgangen. Nach allem, was uns *hier und jetzt* ____________________ an Informationen vorliegt, müssen wir davon ausgehen, dass der Angeklagte die dubiosen Machenschaften seiner Untergebenen abgelehnt hat. In diesem Fall jedoch, so begründet er, habe er Bestechung als *äußerstes Mittel* ____________________ gesehen, um die Verbindung zu dem neuen Geschäftspartner, die damals noch *im Werden begriffen* ____________________ war, schnell zu festigen.

Meine Damen und Herren, Sie wissen alle, dass Bestechung zwar *dem Gesetz nach* ____________________ verboten, *tatsächlich* ____________________ aber an der Tagesordnung ist. Ich bitte Sie, dies bei der Urteilsfindung zu berücksichtigen. *Es soll Gerechtigkeit walten!* ____________________

de facto – prima facie – fiat iustitia – status quo – in absentia – de iure – hic et nunc – medias in res – in statu nascendi – ultima ratio

37.3 Das große Quiz der römischen Kaiser

A

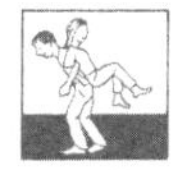

Für dieses Quiz brauchst du einen Partner. Jeder von euch hat 12 Aussagen über römische Kaiser – aber Vorsicht: Nicht alle sind richtig! Lest euch gegenseitig die Aussagen vor und überlegt oder ratet, ob sie stimmen könnten; der Partner hat jeweils die Lösung und oft auch noch eine Anmerkung dazu.

Jahr

14 Kaiser Tiberius verlangt die Anrede Dominus.
65 STIMMT NICHT. Er hat ihn zum Selbstmord gezwungen.
69 Kaiser Vespasian braucht Geld; er erhebt eine besondere Steuer auf die Benutzung öffentlicher Toiletten.
98 STIMMT. Er wurde von seinem Vorgänger Nerva adoptiert.
120 Kaiser Hadrian liebt Athen mehr als Rom.
166 STIMMT. In den chinesischen Annalen wird voller Bewunderung der allgemeine Wohlstand im römischen Reich vermerkt.
180 Kaiser Mark Aurel stirbt in München bei Kämpfen gegen die Germanen.
193 STIMMT. Er stammt aus Leptis Magna im heutigen Libyen.
226 In Persien wird das Reich der Sassaniden gegründet, für Kaiser Alexander Severus äußerst gefährliche Gegner.
248 STIMMT NICHT. Es war die Feier zum 1000-jährigen Bestehen.
282 Kaiser Carus wird nach nur zehnmonatiger Herrschaft vom Blitz erschlagen.
290 STIMMT.
310 Kaiser Konstantin trägt als Zeichen seiner kaiserlichen Würde ein Diadem im Haar.
311 STIMMT NICHT. Es besagt, dass alle Religionen in Rom ausgeübt werden dürfen, auch das Christentum.
330 Kaiser Konstantin weiht Konstantinopel ein („Stadt Konstantins"); heute heißt die Stadt Ankara.
361 STIMMT NICHT. Obwohl er getauft war, fiel er vom Glauben ab (sein Name bedeutet „der Abtrünnige") und veranlasste die letzte Christenverfolgung.
381 Kaiser Theodosius I. macht das Christentum zur Staatsreligion.
393 STIMMT. Er wollte die „heidnischen" Spiele nicht länger dulden.
395 Kaiser Theodosius I. teilt in seinem Testament das Reich unter seinen beiden Söhnen auf; es gibt nun einen westlichen und einen östlichen Teil des imperium Romanum.
404 STIMMT NICHT. Er verlegt ihn nach Norditalien, nach Ravenna.
476 Kaiser Romulus Augustulus stirbt; er war der letzte weströmische Kaiser.
529 STIMMT. Er wollte diese „heidnische" Institution nicht mehr haben.
542 Kaiser Justinian schafft das Amt des Konsuls ab.
552 STIMMT. Alle Seidenraupen in Europa stammen von ihnen ab.

37.4 Sprichwörter

Hier findest du einige lateinische Sprichwörter, wie die Römer sie geschrieben hätten: ohne Worttrennung. Markiere zunächst alle Formen von quisque, die du findest, und versuche dann die anderen Wörter abzutrennen. Im Anschluss findest du die Übersetzungen. – Schreibe zu jeder den lateinischen Satz in der üblichen Schreibweise und mit Satzzeichen.

FABERESTSVAEQVI
SQVEFORTVNAE

SVVMQVISQVENOS
CATINGENIVM

SVVMCVIQVE

PROPRIVMSVVMCV
IVSQVEMVNVSEST

PRVDENTISSIMVSQ
VISQVEREMPVBLIC
AMADMINISTRET

____

Jedem das Seine!

____

Jeder ist seines Glückes Schmied.

____

Gerade die Klügsten sollen den Staat verwalten.

____

Jeder soll seine Begabung erkennen.

____

Jeder hat seine eigene Aufgabe.

37.3 Das große Quiz der römischen Kaiser B

Für dieses Quiz brauchst du einen Partner. Jeder von euch hat 12 Aussagen über römische Kaiser – aber Vorsicht: Nicht alle sind richtig! Lest sie euch gegenseitig vor und überlegt oder ratet, ob sie stimmen könnten; der Partner hat jeweils die Lösung und oft auch noch eine Anmerkung dazu.

Jahr

14 STIMMT NICHT. Tiberius hat die Anrede Dominus verboten.
65 Kaiser Nero ehrt seinen alten Lehrer, den stoischen Philosophen Seneca.
69 STIMMT. Als sein Sohn ihn deshalb tadelte, hielt er ihm ein Geldstück hin und sagte: „Non olet" – es stinkt nicht.
98 Kaiser Trajan ist der erste römische Kaiser, der nicht aus Italien stammt: Er ist in Spanien geboren.
120 STIMMT. Er liebte Athen und schmückte es mit Bauten aus Marmor.
166 Kaiser Mark Aurel schickt eine Gesandtschaft nach China zu Kaiser Huan-Ti.
180 STIMMT NICHT. Er stirbt bei Kämpfen gegen die Germanen, aber in oder bei Wien.
193 Kaiser Septimius Severus stammt aus Afrika.
226 STIMMT. Vorher hatten die Parther östlich des Euphrat geherrscht.
248 Kaiser Philippus Arabs, der aus Arabien stammt, richtet die Feier zum 2000-jährigen Bestehen der Stadt aus.
282 STIMMT.
290 Kaiser Diokletian verlangt, dass sich jeder, der ihm nahekommt, zur Begrüßung auf den Boden wirft.
310 STIMMT. Das Diadem ist der Vorläufer der späteren Königskronen.
311 Kaiser Galerius erlässt ein Toleranzedikt: Es besagt, dass in Rom Haustiere erlaubt sind.
330 STIMMT NICHT. Es ist die heutige Stadt Istanbul. Konstantin hat die alte Stadt Byzanz umgestalten und zu seiner Residenz umbauen lassen.
361 Kaiser Julianus Apostata bevorzugt die Christen.
381 STIMMT.
393 Kaiser Theodosius I. verbietet die olympischen Spiele, die seit 776 vor Christus regelmäßig alle vier Jahre stattgefunden haben.
395 STIMMT. Rom war die Hauptstadt des Westreiches, Konstantinopel (auch „Ostrom" genannt) die des Ostreiches.
404 Kaiser Honorius verlegt seinen Regierungssitz nach Sizilien.
476 STIMMT. In Italien herrschten nun germanische Stämme, die mit der Völkerwanderung nach Italien eingedrungen waren.
529 Kaiser Justinian schließt die Akademie in Athen, die Schule, die Platon um 385 v. Chr. gegründet hat.
542 STIMMT. Damit ist auch die letzte Verbindung zum altrömischen Staat weggefallen.
552 Eier der Seidenraupe werden aus China ins Byzantinische Reich geschmuggelt.

37.5 Im Verhör II

Der Zeuge des Diebstahls macht vor Gericht seine Aussage. – Setze die passenden Pronomina ein und übersetze dann.

id – ea – ea – eos – eos – eos – ei

a) ________, quae de illa nocte memoria teneo, aperte dicam.

b) Audivi ________, qui furtum[1] fecerunt.

c) ________, quos vidi, non novi.

d) ________, quod portaverunt, grave mihi visum est.

e) ________, quos loqui audivi, iuvenes esse puto.

f) ________, cui res fuerat, verba audacia dixerunt.

g) ________, quae dixerunt, repetere nolo.

[1] furtum, *-i, n.:* Diebstahl

Wiederholung: Reflexivität im Aci

Die Reflexivität im Aci findest du in **8 G4.** – Dieselbe Erscheinung gibt es übrigens auch in Gliedsätzen.

37 W 1 Kurze Pfeile – lange Pfeile

Sowohl beim Aci als auch beim Gliedsatz kann es zwei Subjekte geben, auf die sich das Reflexivpronomen bezieht. Welches das ist, kannst du nur vom Sinn her entscheiden. – Zeichne Pfeile vom Reflexivpronomen bzw. reflexiven Possessivpronomen zu seinem Bezugswort.

a) [Iustinianus] optavit, ut [multi iuvenes] eruditos se ostenderent.

b) [Iustinianus] hortatus est, ut [iuvenes] summa ope decreta sua acciperent.

c) [Iustinianus] speravit [quam plurimos iuvenes] se audituros.

d) [Iustinianus] scripsit [leges] iuvenibus a se discendas esse.

e) [Iustinianus] explicavit [homines] per se leges novisse non posse.

f) [Iustinianus] metuit, ne [iuvenes] sua sponte studio iuris non intenderent.

37 W 2 Gleiche Wörter – verschiedene Übersetzungen

Übersetze die folgenden Sätze. Dabei wirst du für die Reflexivpronomina se und sibi jede der unten angeführten Übersetzungsmöglichkeit einmal benutzen müssen.

a) Iustinianus scripsit se hominibus leges dare velle.
b) Iustinianus homines se laudaturos sperabat.
c) Iustinianus sperabat multos iuvenes se satis eruditos ostenturos.
d) Iustinianus credidit novum ‚corpus iuris civilis' et sibi et toti populo profuturum.
e) In imaginibus Iustitia femina ficta est gladio armata: sic monstrat se ad pugnandum paratam esse.
f) Iustitia poscit, ut omnes homines, et principes et pauperes, sibi oboediant.
g) Homines sperant Iustitiam sibi ius dicturam esse.

sich – ihn – sie – ihnen – ihr – er – ihm

Das habe ich bis jetzt gelernt

T 37.1 PFA (36 G1)

Von welchen Verben stammen die folgenden Formen des PFA? – Schreibe Infinitiv, 1. Sg. Präs. und Bedeutung auf.

	Infinitiv	1. Sg. Präs.	Bedeutung
a) circumventuros			
b) consumpturi			
c) additura			
d) profuturae			
e) erecturum			
f) impulsurus			
g) omissuri			
h) progressuris			
i) ablaturae			
k) processuras			
l) vincturum			

T 37.2 quisque (37 G3)

Quisque bedeutet „jeder", so hast du es gelernt. Aber oft kannst du es auch mit „alle" übersetzen, ähnlich wie omnes. Trotzdem ist es ein Unterschied, ob alle zusammen etwas machen oder jede und jeder für sich. – Mache dir dies am folgenden Text über den Untergang der „Titanic" klar.

a) Initio non omnes cognoverunt, quod factum esset.

b) Mox autem omnes territi sunt.

c) Minimus quisque in naviculas[1] missus est.

d) Pro sua quisque vita pugnat.

e) Quae quisque arripere potuerat, in naviculas[1] portare conatus est.

f) Ii, quibus locus in naviculis[1] non erat, omnes interierunt.

[1] navicula: Rettungsboot

T 37.3 Acp (36 G2)

Setze in die Sätze an die passende Stelle jeweils eins der folgenden Partizipien. Achte dabei auf Form und Inhalt; übersetze dann.

accendentem, timentes, appropinquantem, clamantes, crepantia[1]

a) Calgacus exercitum Romanum ______________________ conspexit.

____

b) Arma ______________________, voces ______________________ audivit.

____

c) Cum viros suos ______________________ animadvertisset, orationem ad virtutem

______________________ apud eos habuit.

____

____

+ Eins der Partizipien gehört nicht in einen Acp; welches ist es?

[1] crepare: klirren

T 37.4 Besonderheiten der Relativsätze

Relativsatz als Subjekt **(30 G4)**, als Objekt **(37 G1)**; erläuternder Relativsatz **(35 G2)**, verallgemeinernder Relativsatz **(37 G2)**

Unterstreiche im folgenden Text die Relativsätze und bestimme ihre Funktion.

	Subjekt	Objekt	erläuternd	verallgem.
a) Wer eine hohe Position besetzt, ist oft einsam.	☐	☐	☐	☐
b) Was die Leute über ihn sagen, ist ihm nicht gleichgültig.	☐	☐	☐	☐
c) Aber nur selten wagt jemand dem Höhergestellten ins Gesicht zu sagen, was er über ihn denkt.	☐	☐	☐	☐
d) Es gab aber früher jemanden, der sogar dem Kaiser deutlich seine Meinung sagte: den Hofnarren.	☐	☐	☐	☐
e) Was auch immer der Hofnarr sagte, wurde ihm nicht übel genommen.	☐	☐	☐	☐

Verfahre jetzt genauso mit den lateinischen Sätzen. Achtung: Im Lateinischen gibt es außerdem noch den konsekutiven Relativsatz **(35 G3)**. – Das Folgende musste sich Justinian von seinem Hofnarren anhören:

	Subjekt	Objekt	erläuternd	verallgem.	konsekutiv
a) In scripturis[1] sanctis legimus: Qui non vult laborare, neque manducet[2].	☐	☐	☐	☐	☐
b) Audi tu, quae ego dicam:	☐	☐	☐	☐	☐
c) Quicumque cibis eget, neque laborare potest neque studere.	☐	☐	☐	☐	☐
d) Tu non es is, qui umquam inopiam cognoveris.	☐	☐	☐	☐	☐
e) Ceteri homines, quicquid inopia efficit, pati coguntur.	☐	☐	☐	☐	☐
f) Sunt, qui studio iuris intendere velint neque possint.	☐	☐	☐	☐	☐
g) Da illis, quaecumque ad vitam necessaria sunt!	☐	☐	☐	☐	☐

[1] scriptura: Schrift – [2] manducare: essen

38.1 Karls Eigenschaften

Suche passende Übersetzungen.

Karolus erat

- corpore magno ______________________
- facie laeta ______________________
- voce clara ______________________
- laborum patiens ______________________
- timore vacuus ______________________
- discendi cupidus ______________________

38.2 Karls Schreibkünste I 

Hier findest du verschiedene Urteile über Karls Bildung, insbesondere über seine Schreibkünste.
– Schreibe zu jeder ein + oder ein –, je nachdem, wie die einzelnen Leute Karls Bildung beurteilen.

De Karoli facultate scribendi homines diversa dixerunt:

a) Karolum artem scribendi temptare. ☐
b) Karolum ne scribere quidem posse. ☐
c) Rem sero inceptam parum succedere. ☐
d) Imperatorem manum pugnandi peritam etiam litteris scribendis consuescere. ☐
e) Eum in epistulis signandis[1] ultimam tantum minimamque partem signi addere. ☐
f) Eum tabulas in lecto suo deponere, ut etiam noctu in scribendo se exerceret. ☐

[1] signare: unterschreiben

38.3 Karls Schreibkünste II

Natürlich können wir das alles heute in Büchern lesen. – Ändere die Infinitive so, dass das richtige Zeitverhältnis herauskommt.

Hodie in libris legimus multas de Karoli facultate scribendi sententias:

a) Karolum artem scribendi ______________________.
b) Karolum ne scribere quidem ______________________.
c) Rem sero inceptam parum ______________________.
d) Imperatorem manum pugnandi peritam etiam litteris scribendis ______________________.
e) Eum in epistulis signandis[1] ultimam minimamque partem signi ______________________.
f) Eum tabulas in lecto suo ______________________, ut etiam noctu in scribendo se exerceret.

[1] signare: unterschreiben

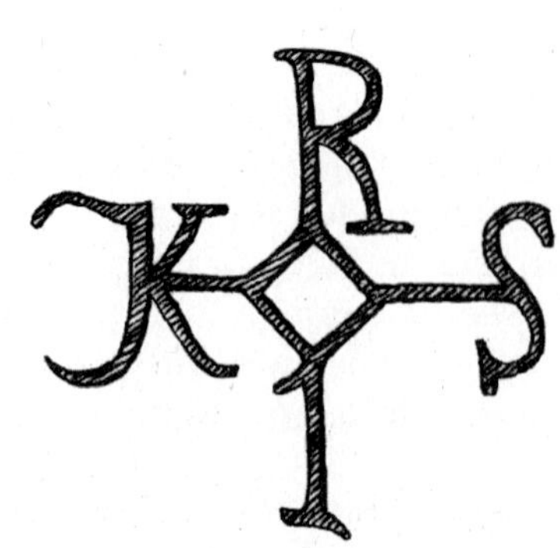

Fühl dich wie Karl der Große: Unterschreibe wie er! – Vergleiche mit der Abbildung auf S. 157 im Buch und vervollständige seine Unterschrift!

Actiones 2

Arbeitsheft
zu den Lektionen 21–40

Lösungen

Martin Holtermann
Irmgard Meyer-Eppler

Günter Laser
Barbara Verwiebe

Ernst Klett Schulbuchverlage
Stuttgart · Leipzig

21.1 Implenda

Infinitiv Präsens	Indikativ Präsens	Futur I	Konjunktiv Präsens
expellere	expellunt	expellent	expellant
suspicari	suspicamini	suspicabimini	suspicemini
arbitrari	arbitratur	arbitrabitur	arbitretur
proficisci	proficisceris	proficisceris	proficiscaris
consulere	consulo	consulam	consulam

21.2 Mehrdeutig
a) agit, agat, aget (Ind. Präs., Konj. Präs., Fut. I) b) proficiscimini, proficiscamini, proficiscemini (Ind. Präs., Konj. Präs., Fut. I) c) suspicaris (Ind. Präs.), suspiceris (Konj. Präs.) d) laudabor (Ind. Präs.), laudabar (Ind. Imperf.)

21.3 Gefahr!
consulum, vincar, arripior, legis; acceptis, labor, tempora, arbitrans, suspicare, vexandi, fungimini, capita. – Lars Porsenna

21.4 In Rom und aus Rom und um Rom herum
Romae muri aedificantur. Romulus et Remus Romae de regno certant. Bestiae Roma expelluntur. Frumentum Romam portatur. Agmen Romam ducitur. Romae arma arripiuntur.

21.5 Vorschriften
a) Niemand soll ein Amt verwalten ohne Kollegen (w). b) Alle Menschen sollen von jeder Aufgabe frei sein (f). c) Die Konsuln sollen die Beamten ernennen (f). d) In größten Gefahren soll ein Diktator den Staat leiten (w). e) Die Prätoren sollen für die Gerechtigkeit sorgen (w). f) Der Adel soll zur Volksversammlung gerufen werden (f). g) Senatoren, die sich unwürdig betragen, sollen gezwungen werden, von ihren Ämtern abzutreten (w). h) Sechs Ädilen sollen die Gladiatoren unterstützen (f).

21.6 Sorgen des Romulus
a) Soll ich die Stadt auf dem (Berg) Aventin gründen? b) Soll ich die Stadt mit starken Mauern befestigen? c) Soll ich mit meinem Bruder um die Herrschaft kämpfen, oder sollen wir die Stadt zusammen regieren? d) Wie werde ich Einwohner in meine Stadt rufen? e) Soll ich ein Heer beschaffen? f) Soll ich auch die Frauen davon überzeugen, dass Rom ein geeigneter Wohnort ist?

21.7 Anders gesagt
a) Quinte, tabulam apportes! b) Caecilia, fratrem arcessas! c) Quinte, Caecilia, veniatis! d) Me sequamini! e) Ne magistrum irrideatis!

21.8 Der, die, das
das: von dare, 2. Sg. Ind. Präs. Akt. = du gibst. // der: von dare, 1. Sg. Konj. Präs. Pass. = ich möge gegeben werden. // die: von dies, Abl. Sg. = am Tag.

21.9 Sehr witzig
„Ich glaube, ich habe dein Gesicht schon woanders gesehen, Junge." – „Das ist erstaunlich, Herr. Ich trage es immer hier an meinem Kopf."

21 W 1 Bezeichnungen und Fragen

Ablativus ...	Wie fragst du?	Quomodo rogas?
locativus	wo?	ubi?
sociativus	mit wem?	quocum?
temporis	wann?	quando?
separativus	von wo?	unde?
modalis	auf welche Weise?	quomodo?
instrumenti	womit?	qua re?
causae	warum?	cur?
mensurae	(um) wie viel?	quanto?
qualitatis	wie beschaffen?	qualis? (neu)
des Urhebers	von wem?	a quo?

21 W 2 Anwendung
a) Die Römer hatten Tarquinius, den ungerechten König, mit Waffengewalt aus der Stadt getrieben. vi et armis: abl. instr. b) Er floh zu Porsenna, dem König von Clusium und einem sehr adligen Mann. summa nobilitate: abl. qual. c) Einige Tage später beschloss Porsenna, Tarquinius zu helfen. nonullis diebus: abl. mens. d) Zusammen mit ihm und einem großen Heer belagerte er Rom. cum illo magnoque exercitu: abl. soc. e) Über diesen Angriff waren Senat und Volk von Rom sehr betrübt. quo impetu: abl. caus. f) Aus Clusium, der Stadt Porsennas, näherte sich Rom ein Heer. E Clusio, ex urbe: abl. sep. g) Auf den Äckern jenseits des Tibers wurde es zum Kämpfen aufgestellt. in agris: abl. loc. h) An diesem Tag widersetzte sich ein Mann namens Horatius Cocles den Feinden. eo die: abl. temp. i) Allein vorn am Zugang zur Brücke stehend, wehrte er die Feinde ab. in primo aditu: abl. loc. k) Die übrigen rissen mit allen Mitteln die Brücke ein. omnibus instrumentis: abl. instr. l) Die Feinde konnten den Tiber nicht mehr überwinden; so wurde die Stadt Rom von einem einzigen Mann gerettet. ab uno viro: Abl. des Urhebers

22.1 Formen erkennen mit Gewinn
Lucius Aemilius Paullus und Gaius Terentius Varro.

22.2 Hannibal ad portas!
..., ne Carthaginienses cunctos viros interficerent; ..., ne virgines servae Carthaginem traherentur; ..., ne templa deorum incenderentur; ..., ne hostes nomen Romanum exstinguerent.

22.3 Wie bekommt man Elefanten über einen Fluss?
a) Hannibal beschloss, die Elefanten über den Fluss zu bringen. b) Er baute ein langes Floß, das mit festen Stricken an seinem Platz gehalten wurde. c) Darauf ließ er Erde werfen, denn er wollte dafür sorgen, dass das Floß den Anblick von festem Land bot. d) Ein anderes derartiges Floß ließ er an das erste anbinden; darauf fuhren die Elefanten wie auf einem Schiff über den Fluss.

22.4 Eine Botschaft
a) timeo. Ich fürchte, dass Hannibal in großer Not ist. b) oravit, adiuvarem. Denn mein Bruder, der in Italien ist, hat mich gebeten, ihm zu helfen. c) pellant. Es besteht die Gefahr, dass die Römer uns aus Italien vertreiben. d) constitui, facerem. Also habe ich beschlossen, mit unserem Heer nach Italien zu ziehen. e) opto, possimus. Ich wünsche, dass wir dort Hannibal schützen können. f) contendatis, expugnent. Ihr aber sollt euch anstrengen, damit die Römer nicht unsere Städte in Spanien erobern! g) providimus, esset. Schon oft haben wir dafür gesorgt, dass der Sieg unser ist. h) videamus, vincant. Wir wollen auch nun zusehen, dass die Römer uns nicht besiegen! i) imperavi, laboraretis. Schon oft habe ich euch befohlen, euch sehr zu bemühen! j) hortor, detis. Nun ermahne ich euch, euch größte Mühe zu geben. k) opto, pereant. Ich wünsche, dass die Römer zu Grunde gehen!

22.5 Eine neue Taktik
a) victi sunt. Nachdem die Römer von Hannibal bei Cannae besiegt worden waren, ließen sie den Mut sinken. b) pugnantes. Wenn sie mit den Karthagern kämpften, wurden sie immer besiegt. c) cepit. Da fasste Quintus Fabius Maximus einen ausgezeichneten Plan. d) restiterunt. Die Senatoren waren zuerst dagegen; (probaverunt) endlich billigten sie den Plan. e) audiebant. Nicht viel später hörten die Römer, dass ihre Stadt gerettet war. + s. u. Fabius im Eigennamen-Verzeichnis.

22.6 Spanisch
a) seit dem 6. Jahrhundert v. Chr. b) Sie gründeten eine Kolonie. c) Sie eroberten einen großen Teil der spanischen Halbinsel. d) „neue Stadt". e) eine 227 v. Chr. gegründete Stadt, von den Römern Carthago nova genannt. f) Cartagena. g) 209 v. Chr. h) von Publius Cornelius Scipio. f) Die Römer vertrieben die Karthager vollständig aus Spanien. g) Sie gründeten ihre eigenen Provinzen, Hispania Citerior und Hispania Ulterior.

22 W 1 Infinitive I

Präs. Akt.	Präs. Pass.	Perf. Akt.	Perf. Pass.	Fut. Akt.
cavere	ostendi	clausisse	postulatum esse	educturos esse
perire	decerni	imperavisse	circumdata esse	permissurum esse

22 W 3 Zeitverhältnisse
a) P. Cornelius Scipio hörte, dass Hannibal die Alpen überquert hatte. (vorz.) b) Er erkannte, dass er ein sehr kühner Mann war. (gleichz.) c) Aber er glaubte, dass Hannibal nicht sofort kämpfen werde. (nachz.) d) Hannibal aber hoffte, sein Heer werde die Römer besiegen. (nachz.) e) Er erinnerte sich, dass in den Bergen viele Männer gefangen worden waren. (vorz.) f) Alle schauten zu, wie diese Unglücklichen in die Versammlung geführt wurden. (gleichz.)

22 W 4 Übersetzung des Aci
a) Im Buch des Titus Livius lesen wir, dass Hannibal oft mit List gekämpft hat. b) Hannibal meinte, dass ein Schauspiel für ihn und die Soldaten nützlich sei. c) Er glaubte nämlich, dass seine Soldaten durch Dinge, nicht durch Worte zum Kämpfen angeregt würden. d) Er hoffte, dass seine Soldaten, wenn sie zum Kampf bereit wären, ohne Gefahr siegen würden. e) Oft sagte Hannibal, nichts sei so riesig wie die Kühnheit der Punier. f) Er überzeugte auch seine Soldaten davon, sie würden bald die Herren der ganzen Welt sein. g) Hannibal ließ die Gefangenen in die Versammlung führen. h) Er ließ sie nicht fliehen. i) Er ließ Waffen vor ihren Füßen hinlegen.

23.1 Rätsel
→ facilior; ↓ fortiores, laetius, sanctior, gratius, longiori; ↑ acriore, gravior, altiorum; ↘ feliciore

23.2 Zwei Angeber
a) clarior: Mein Vater ist berühmter als deiner. b) clarissimus: Keineswegs! Mein Vater ist der berühmteste von allen Händlern. c) felicissimae: Ich bin der Sohn der glücklichsten (reichsten) Familie unserer Stadt. d) feliciorem: Ich darf doch wohl lachen! Eine glücklichere Familie als die unsere wirst du niemals finden! e) pulcherrima: Meine Mutter ist die schönste aller Griechinnen. f) pulchriorem: Es ist unglaublich! Niemals wirst du eine schönere Griechin finden als meine Mutter! g) fortiores: Meine Brüder sind tapferer als Gladiatoren! h) fortissimi: Das stimmt nicht! Meine Brüder sind die tapfersten! i) prudentissimas: Es steht fest, dass meine Schwestern die klügsten von allen Mädchen sind. k) prudentiores: Was sagst du da? Meine Schwestern sind klüger als die Pythia! l) fidelissima: Mich liebt das treueste Mädchen aller Länder. m) fidelior: Es ist unglaublich! Auf der Welt gibt es kein treueres Mädchen als meine Freundin! n) superbior: Auf der Welt gibt es keinen eingebildeteren Menschen als dich! o) superbissimus: Du bist aber der eingebildetste Mensch von allen, die es jemals gegeben hat oder geben wird!

23.3 Auf Leben und Tod
mortuus, moriebantur, morienti, morereris, moriuntur, morietur, moriamini, mortuarum, mors → Terentius

23.4 Musiker-Latein
Kantate – canere; Crescendo – crescere; Opus – opus; Arco – arcus; Fuge – fugere; Vokal – vox; Instrumental – instrumentum; Solo – solus; Pedal – pes; Manual – manus; Kadenz – cadere; Fortissimo – fortis; Con moto – movere; Tacet – tacere; Con anima – anima; Da capo – caput; Divisi – dividere; Amabile – amare; Al fine – finis; Grave – gravis

23 W 1 Die Formen des Dativs
Philolaches, Philematium

23 W 2 Der Dativ als Objekt
Verben mit Dativ-Objekt: resistere, favere, oboedire, persuadere, confidere;
Verben mit zwei Objekten: mandare, vendere, ostendere, dicere, praebere, adimere, tradere, polliceri, reddere, explicare

23 W 3 Die Funktionen des Dativs
a) Hilf mir, Freundin! (Objekt) b) Komm mir zu Hilfe! (Dat. comm.; Dat. fin.) c) Soll ich mir dieses Kleid kaufen oder das da? (Dat. comm.) d) Ich habe nicht genug Kleider! (Dat. poss.) e) Ich möchte gern Philolaches, meinem Beschützer, gefallen. (Objekt) f) Ein schönes Kleid wird ihn erfreuen. (Dat. comm., Dat. fin.) g) Mist! Ich habe nicht so viel Geld! (Dat. poss.)

24.1 Nachdenken über Medea
atrociter, improbe, acerrime, male, superbissime, dure, impie, iniuste, crudelissime; atrox, improba, acerrima, mala, superbissima, dura, impia, iniusta, crudelissima

24.2 Perlenkette
Es passen nicht: medius, acerrime, rursus, graviores, atrocissimum, reliqui, infeliciorum, tardiore, altissimus → margarita

24.3 Verhext
a) Ich bin so schön, dass alle mein Aussehen loben. b) sum, possim: Ich bin so stark, dass ich ein Pferd tragen kann. c) habeo, debeam: Ich habe so große Reichtümer, dass ich niemals arbeiten muss. d) est, respondeam: Meine Weisheit ist so groß, dass ich jedem auf seine Frage antworten kann. e) curro, vincant: Ich laufe schneller, als dass andere mich besiegen können. f) sum, sim: Ich bin so beliebt, dass niemand mich beneidet. g) cano, teneant: Ich kann so gut singen, dass die Zuhörer die Tränen nicht zurückhalten können. h) amant, dent: Meine Freunde lieben mich sehr, so dass sie mir oft hervorragende Geschenke machen.

24.4 Ein brandneues Kleid
a) Als Medea erfuhr, dass Jason sie nicht mehr liebte, war sie zornig und traurig. b) Als Jason sich nicht mehr treu zeigte, war er Medea verhasst. c) Auch Glauke, die Tochter des Königs Kreon, war Medea verhasst, weil sie Jasons neue Frau war. d) Weil Medea sich in den magischen Künsten auskannte, schenkte sie Glauke ein wunderbares Hochzeitskleid. e) Weil Glauke keinen Hinterhalt von Medea vermutete, zog sie das Kleid an. f) Obwohl das Kleid Glauke sehr gut stand, war es trotzdem ihr Verderben. g) Als sie zu ihrem Mann ging, schlugen Flammen aus dem Kleid, die sie töteten. h) Auch ihr Vater konnte sie nicht retten, obwohl er eilte, seiner Tochter zu helfen, und starb selbst in den Flammen.

24.5 Medeas Hexenküche
Ich mache Gift aus der Schlange, um anderes Gift vom Himmel zu holen. Ich nehme ein Eulenherz, um möglichst großen Schmerz zu bewirken. Ich bereite auch Gifte, die in Steinen verborgen sind, damit auch diese mir helfen. Ich singe Worte, damit die Kraft des eigentlichen Giftes wächst. Ich rufe Pytho, damit er einen Angriff auf den Sohn des Königs macht.
Cor bubonis sumpsit, ut dolorem quam maximum efficeret. Paravit etiam venena, quae in saxis occultata sunt, ut ea quoque ei adessent. Verba cecinit, ut vis veneni ipsius cresceret. Vocavit Pythonem, ut impetum in regis filium faceret.

24.6 Sehr witzig!
„Warum fliegen Eulen nachts umher?" – „Weiß nicht." – „Sie können schneller fliegen als laufen."

24 W 1 Die Unterscheidung zwischen Grund und Zweck
a) Grund (weil); b) Zweck (um … zu); c) Grund (da); d) Zweck (damit)

24 W 2 Jetzt auch auf Latein
a) Oft ging Medea aus Korinth weg, um Kräuter zu sammeln: Zweck (ut + Konj.).
b) Weil Medea magische Künste beherrschte, wurde sie von vielen gefürchtet: Grund (quia + Ind.). c) Weil König Kreon Medeas Künste fürchtete, vertrieb er sie: Grund (Pc). d) Medea betrug sich ruhig, um den König zu täuschen: Zweck (ad + nd). e) Kreon gab Medea einen Tag, weil er zeigen wollte, dass er ein Mensch und kein Tier war: Grund (cum + Konj.). f) An diesem einen Tag tötete Medea ihre Kinder, weil sie von Hass auf Jason getrieben wurde: Grund (quod + Ind.).

24 W 3 Die Qual der Wahl
a) quia eum amavit: Medea half Jason, weil sie ihn liebte. b) ut ille labores perficeret: Medea half Jason, damit dieser die Arbeiten verrichten konnte. c) ne illa a patre puniretur: Jason nahm Medea mit sich, damit sie nicht von ihrem Vater bestraft wurde. d) cum filiam regis amaret: Später verließ Jason Medea, weil er die Tochter des Königs liebte.

T 24.1
Ind. Präs.: vexo, peccas, proficiscitur, possumus, oboeditis, volunt
Konj. Präs.: sim, emas, eat, possimus, postuletis, velint
Konj. Imperf.: arbitrarer, ires, parceret, possemus, laberemini, praestarent

T 24.2
ut: wie, dass, so dass, damit, um … zu; ne: ?, nicht einmal, dass nicht, damit nicht, dass; cum: mit, als (plötzlich), als, weil, obwohl

T 24.3
nach …: domum, Syracusas, Lutetiam, Pergamum, Pompeios, Vesontionem
in …: domi, Syracusis, Lutetiae, Pergami, Pompeis, Vesontione
aus …: domo, Syracusis, Lutetia, Pergamo, Pompeis, Vesontione

T 24.4
Adverb: pulchre, pulchrius, pucherrime; prudenter, prudentius, prudentissime;
Akk. Pl.: pulchras, pulchriores, pulcherrimas; prudentes, prudentiores, prudentissimos; Gen. Sg.: pulchri, pulchrioris, pulcherrimi; prudentis, prudentioris, prudentissimae

T 24.5
a), d) Elativ; b), c) Superlativ

25.1 Rätsel
↓ istius, his; ↑ illa; → isto, illud, istarum; ← iste, hi ; ↘ istorum, ei; ↖ istud; ↙ istis, istas; ↗ ille

25.2 Buchstaben-Kniffelei
1 a), 2 b), 3 b), 4 a) → Demo (von demonstrare)

25.3 Latein in Abk.
et al.: und andere; etc.: und so weiter; i. e.: das heißt; l. c.: an der angegebenen Stelle; PS: Nachtrag; PPS: nachträglich zum Nachtrag

25.4 Das Gastmahl (I): Ein später Gast
a) Guten Abend, Sokrates! Komm näher, hier ist deine Liege. Du kommst spät. b) (quos) Welche Menschen hast du auf dem Weg getroffen? Freunde oder Fremde? c) (quem; quod) Welchen Menschen oder welches Tier hast du beobachtet? d) (cuius) In das Haus von was für einem Menschen bist du eingetreten? Eines guten oder eines schlechten? e) (quibus) Zu welchen Schülern hast du von deiner Lehre gesprochen? f) (cui) Welchem Menschen hast du ein Beispiel deiner Weisheit gegeben? g) (qua) Worüber hast du geredet? h) (quod) Welchen Plan hast du gefasst? i) (quae) Welche Gründe wurden von dir gefunden? k) (quibus) Über welche Dinge sprichst du nun mit uns?

25.5 Das Gastmahl (II): Liebevolle Gespräche
a) Liebende sind verrückt. b) Niemand ist schöner als ein geliebter Mann. c) Liebende besiegen alles. d) Ein anständiger Geliebter macht auch den Liebenden anständig. e) Für einen Liebenden passt es nicht zu lügen. f) Das Unrecht, das einem der Geliebte antut, ist das schwerste. g) Die Augen sind die Führer der Liebenden. h) Ein Liebender erträgt jedes Unrecht leicht. i) Liebende haben kein Maß. k) Der Geliebte ist das zweite Ich des Liebenden.

25.6 Die sieben Weltwunder
a) Das Mausoleum ist das hochberühmte Grab des Königs Mausolos. b) 120 Jahre lang bauten die Menschen den Tempel der Diana (Artemis). c) Die turmhohen Pyramiden stehen am Nil. d) Der Turm mit dem Namen Pharos zeigt den Seeleuten, die durch die Wellen geworfen werden, mit seinem Feuer den Zugang zum Hafen. e) Auf der Insel Rhodos sieht man eine riesengroße Statue, die „Koloss" genannt wird und Hafen und Insel schmückt. f) Die Königin Semiramis ließ einst Gärten bauen, die, weil sie oben auf Dächern lagen, hängende Gärten genannt wurden. g) Der griechische Künstler Phidias baute mit wunderbarer Kunstfertigkeit eine Statue und stellte sie in Olympia im Jupitertempel auf.

25 W 1 Besonderheiten

hic	illud	ea	ipse	quis	qui
huius	illius	eius	ipsius	cuius	cuius
huic	illi	ei	ipsi	cui	cui

isti: Dat. Sg. Mask.; Dat. Sg. Fem.; Dat. Sg. Neutr.; Nom. Pl. Mask.
quae: Nom. Sg. Fem.; Nom. Pl. Fem.; Nom. Pl. Neutr.; Akk. Pl. Neutr.
haec: Nom. Sg. Fem.; Nom. Pl. Neutr.; Akk. Pl. Neutr.

a) Eam vidi: Personalpron.; eam arcem: Demonstrativpron. b) Amicus, quem quaeris, non in foro versatur: Relativpron. Quem in domo tua vidi: relativischer Anschluss

25 W 2 Die Verweisfunktion
a) Socrates domum Chaerephontis amici petivit. Qui enim eum invitaverat.
b) In eius domo iam multi alii amici iacebant potantes.
c) Quod cum Socrates vidisset, eis dixit ridens:
d) „Haec vobis dico: O Chaerephon, si senem invitas – cur non eum exspectatis, priusquam potare incipitis?
e) Nunc plus vini mihi opus est, ut vos consequar!
f) Date mihi istam crateram!"

a) Sokrates ging zum Haus seines Freundes Chairephon. Der hatte ihn eingeladen. b) In seinem Haus lagen schon viele andere Freunde beim Trinken. c) Als Sokrates das sah, sagte er lachend zu ihnen: d) „Das sage ich euch: Chairephon, wenn du einen alten Mann einlädst – warum wartet ihr nicht auf ihn, bevor ihr anfangt zu trinken? e) Nun brauche ich mehr Wein, um euch einzuholen! f) Gebt mir dieses Mischgefäß!"

26.1 Implenda

Ind. Präs.	Ind. Perf.	Konj. Perf.	Fut. II
lego	legi	legerim	legero
corrumpitis	corrupistis	corruperitis	corruperitis
aperiunt	aperuerunt	aperuerint	aperuerint
utuntur	usi sunt	usi sint	usi erunt
deditur	deditus est	deditus sit	deditus erit
eligimini	electi estis	electi sitis	electi eritis
consentit	consensit	consenserit	consenserit

26.2 Woher?
claudere: schließen; parcere: sparen, verschonen; aspicere: anschauen; gerere: tragen, führen, ausführen; traicere: hinüberbringen, überqueren; posse: können; mentiri:

lügen; demittere: hinabschicken, sinken lassen; praestare: übertreffen, leisten, zeigen; prohibere: abhalten, hindern; diligere: schätzen, lieben → das Gastmahl.

26.3 Fehlersuche

b) richtig; a) cives: von civis, nicht von civitas; c) philosophi: Nominativ (Subjekt).

26.4 Rückkehr nach Athen

a) Wenn ich nach Athen zurückkehre, werde ich in mein Haus gehen. b) Sobald ich mein Haus betreten habe, wird die Familie mich begrüßen. c) (salutaverit) Wenn die Familie mich begrüßt hat, werden wir den Göttern Opfer bringen. d) (fecerimus) Wenn wir Opfer gebracht haben, werde ich mich mit Wasser erfrischen. e) (recreatus ero) Wenn ich mich mit Wasser erfrischt habe, werden wir alle essen. f) (cenaverimus) Wenn wir gegessen haben, werde ich schlafen. g) (dormivero) Wenn ich geschlafen habe, werden meine Schüler kommen. h) (venerint) Wenn meine Schüler kommen, werde ich alles erzählen.

26.5 Reise nach Athen

V.: Der Weg ist sehr weit. Es ist klar, dass du den Weg zusammen mit einem Freund und einigen Sklaven machen musst.
M.: Sicher, Vater. Meine Begleiter werde ich mit großer Sorgfalt auswählen.
V.: In wessen Haus wirst du schlafen?
M.: Ich werde schon irgendein Bett finden. Sei zuversichtlich!
V.: Ich fürchte, dass schlechte Menschen dir schaden.
M.: Fürchte dich nicht, Vater. Irgendjemand wird mich verteidigen.
V.: Ich möchte, dass du dir irgendwelche berühmten Bauwerke ansiehst.
M.: Natürlich, Vater. Ich werde die schönsten Tempel und Bauwerke von Athen anschauen.
V.: Verbringe nicht mit irgendwelchen Freunden Tage und Nächte in Kneipen!
M.: Natürlich nicht, Vater! Die Tage werde ich verbringen, indem ich die Bücher von irgendwelchen Philosophen lese, die Nächte aber mit Schlafen.
V.: Hüte dich, irgendwelche unnützen Dinge für viel Geld zu kaufen!
M.: Sicher, Vater. Ich werde sparsam sein mit dem Geld.
V.: Mögen die Götter dich beschützen, mein Sohn!

26.6 Graffiti

Aufidius hic fuit. Vale. – Aufidius war hier. Leb wohl. // Hic fuimus cari duo nos sine fine sodales. – Hier waren wir, zwei liebe Kumpel ohne Ende. // Omnes lusero. Sum Maximus. – Ich werde mit allen spielen (d.h. alle verspotten). Ich bin Maximus.

26 W 1 Lauter Attribute

a) Dionysius schickte dem Philosophen Platon einen Brief (Substantiv). b) In diesem Brief bat er ihn, ihm zu Hilfe zu kommen (Dem.-Pron.). c) Platon wollte dem König von Syrakus helfen (Subst. i. Gen.). d) Er fürchtete allerdings, dass der König, der beinah noch ein Junge war, seine Begierden nicht genügend würde zügeln können (Rel.-Satz). e) Trotzdem beschloss er, den besten Staat in seinem Reich einzurichten (Adjektiv). f) Aber der König war ein sehr gieriger Mensch (Gen. qual.). g) Er missachtete die Ratschläge des geschätzten Philosophen (attr. Part.).

26 W 2 Ungleiche Paare

a) König Dionysios rief den Philosohen Platon nach Sizilien (subst. Attr.). b) Dionysios war schon als Junge voller Begierden gewesen (Prädikativum). c) Dionysios, der sich niemals beherrschen konnte, erließ keine gerechten Gesetze (Rel.-Satz). d) Er hörte niemals auf, ein Tyrann zu sein (rel. Anschl.). e) Die Ratschläge des Philosophen, den er selbst gerufen hatte, verachtete er (adj. Dem.-Pron.). f) Auch dessen Leben war in Gefahr (subst. Dem.-Pron.). g) Obwohl der Philosoph überall gefeiert wurde, konnte er in Syrakus nichts ausrichten (präd. Part./Pc). h) Endlich kehrte der gefeierte Philosoph in seine Heimat zurück (attr. Part.).

27.1 Implenda

Inf. Präs.	Inf. Perf.	Ind. Plpf.	Konj. Plpf.
adiuvare	adiuvisse	adiuverat	adiuvisset
comprehendere	comprehendisse	comprehenderant	comprehendissent
occurrere	occurrisse	occurreras	occurrisses
consequi	consecutum esse	consecuti eratis	consecuti essetis
praecipi	praeceptum esse	praeceptum erat	praeceptum esset

27.2 Was wäre, wenn ...?

M.: Wenn ich nicht zum Lehrer gehen müsste, würde ich mit meinem Vater Schauspiele im Amphitheater ansehen.
Q.: Wenn ich frei von Aufgaben wäre, würde ich in den Wald reiten.
B.: Ich würde Lucius treffen, wenn ich könnte.
S.: Wenn wir etwas Zeit hätten, könnten wir sicher dem kleinen Sextus eine Geschichte erzählen.
D.: Würdest du eine Geschichte erzählen? Sicher würde niemand von uns etwas derartiges tun. Wir würden uns alle über unsere freie Zeit freuen.
C.: Ich würde jedenfalls schlafen, wenn ich nicht etwas Neues lernen müsste.

27.3 Von der Grille und der Ameise

a) Wenn du im Sommer Futter gesammelt hättest, würdest du jetzt nicht vom Hunger geplagt. b) Wenn du nicht den ganzen Sommer gesungen hättest, hättest auch du Futter sammeln können. c) Der, der nicht arbeitet, soll (auch) kein Futter haben. d) Wenn du im Sommer gearbeitet hättest, hättest du keine Zeit zum Singen gehabt. e) Dem, der niemals gearbeitet hat, komme ich jedenfalls nicht zu Hilfe.

27.4 Wie süß!

Schaut das süße kleine Mädchen an: Es hat dasselbe schöne Gesicht wie die Mutter (eandem). Sie hat dieselben Augen wie der Vater (idem). Sie hat dieselbe Nase wie der Großvater (idem). Sie hat denselben kleinen Mund wie ihr Bruder (idem). Ihre Hände sind so ähnlich wie meine Hände (similes). Sie lacht auf dieselbe Art wie Caecilia (eodem). An Schönheit ist sie ihrer Schwester gleich (par). Hört! Sie schreit mit derselben Stimme, mit der der kleine Quintus immer schrie (eadem).

27.5 Wie lästig!

a) Ein gewisser Rufus, ein furchtbar lästiger Mensch, hat mit mir gesprochen (quidam). b) Er hat erzählt, er sei der Bruder eines gewissen Sextus (cuiusdam). c) Einem Händler schuldet er viel Geld, wie er sagte (cuidam). d) Er liebt ein Mädchen namens Aelia (quandam). e) Er wohnt in einem Mietshaus mit einem Freund (quodam).

27.6 Wie philosophisch!

Denken: intellegere cognoscere comprehendere cogitare animadvertere cernere.
Sprechen: demonstrare docere praecipere consulere ostendere respondere loqui admonere disputare.

27.7 Falsche Freunde

fingere: gestalten, formen, sich ausdenken; mos: Sitte, Brauch; ut: wie, dass, so dass, damit, um zu; immo: im Gegenteil, ja sogar; haud: nicht; -ne ist nur ein Fragesignal; parcere: sparen, verschonen; qualis: wie (beschaffen), was für ein; ratio: Grund, Vernunft, Art und Weise.

27.8 Sehr witzig!

Als ein alter Mann gefragt wurde: „Hast du dein ganzes Leben lang in Ostia gelebt?", antwortete er: „Noch nicht."

27 W 1 Der kleine Unterschied I

a) Die Götter zeigen menschliche Gestalt, die die Gestalt der Tiere übertrifft. – Rel.-Satz. b) Das Leben der Götter ist ruhig. Sie führen nämlich ein ewiges und glückliches Leben. – rel. Anschl. c) Die Götter vernichten die Menschen nicht. Sobald du das verstanden hast, bist auch du glücklich. – rel. Anschl. d) Menschen, die die Götter fürchten, erkennen ihre besondere Natur nicht. – Rel.-Satz.

27 W 2 Der kleine Unterschied II

a) Spectate hanc statuam, quam artifex quidam Graecus finxit. – Schaut diese Statue an, die ein griechischer Künstler geschaffen hat. b) Eam speciem praebet, quam natura nos omnes docuit. – Sie zeigt dasselbe Aussehen, das die Natur uns alle gelehrt hat. c) Forma hominis, quae omnium animalium formas superat, etiam imaginem deorum docet. – Die Gestalt des Menschen, die die Gestalten aller Lebewesen überragt, lehrt auch das Aussehen der Götter. d) Epicurus omnes homines timore liberavit. Qui eum semper sequantur! – Epikur hat alle Menschen von der Furcht befreit. Sie sollen ihm immer folgen!

27 W 3 Gebrauchsanweisung für Rationalisten

a) „Dieser Epikur spinnt! b) Weil das so ist, spinnen auch die Epikureer. c) Daher müssen wir mit ihnen über die wichtigsten Sachen, vor allem über die unsterblichen Götter, streiten. d) Auf diesem Gebiet wissen sie nichts! e) Deshalb behaupten sie, dass die Götter nicht für die Angelegenheiten der Menschen sorgen. f) Wenn das so wäre, wäre die Welt schon verloren." g) Als der stoische Philosoph das gesagt hatte, forderte er alle auf, seiner Lehre zu folgen. h) Als die epikureischen Philosophen das hörten, lachten sie.

28.1 Mehr und mehr

multarum, plurium, plurimarum // bonos, meliores, optimos // parvis, minoribus, minimis // multum, plus, plurimum // magnam, maiorem, maximam // mali, peioris, pessimi // mali, peiores, pessimi.

28.2 Kombiniere

turbas maximas // viris melioribus // pondus maius // homo peior // specie optima // rationi pessimae // praedam minorem.

28.4 De variis librorum generibus – Die verschiedenen Arten von Büchern

In alten Zeiten schrieben die Römer ziemlich oft auf Tafeln, die aus Holz und Wachs gemacht waren. Größere Werke wurden auf Papyrus geschrieben, der aus bestimmten Gräsern besteht, die in Ägypten am Nil wachsen. Lange Papyrus-Streifen wurden zu Büchern gerollt; daher hießen derartige Bücher Volumina. Im dritten Jahrhundert nach Christus wurde in der Stadt Pergamon in Asien ein Material erfunden mit dem Namen Pergament, das aus der Haut von Tieren gemacht wurde. Aus Pergament wurden einzelne Seiten geschnitten und zu Büchern von neuer Form zusammengebunden, die, weil sie so ähnlich aussahen wie Holzklötze, Kodizes (Sg. Kodex) genannt wurden.

28.5 Die Philosophin Hipparchia

a) Das Mädchen Hipparchia und der junge Krates wohnten in einer griechischen Stadt. b) Obwohl Krates aus einer reichen Familie stammte, wollte er vom Geld frei sein (cum concessivum). c) Seine Reichtümer und allen Besitz verschenkte er also an irgendjemanden oder warf sie weg. d) Als Hipparchia das hörte, entbrannte sie vor Liebe zu dem jungen Mann (cum historicum). e) Jedesmal, wenn sie mit ihm zusammentraf, wuchs ihre Liebe (cum iterativum). f) Die Eltern aber weigerten sich, ihm ihre Tochter zur Frau zu geben, weil Hipparchia nicht gewohnt war, in Armut zu leben (cum causale). g) Als Hipparchia die Eltern um Milde anflehte, gaben sie ihren Bitten endlich nach (cum historicum). h) So wurde Hipparchia nicht nur die Frau, sondern auch die Schülerin des Krates, da dieser ein berühmter Philosoph war (cum causale). i) Obwohl sie eine Frau war, diskutierte sie nicht nur mit ihrem Mann, sondern auch mit seinen Freunden über Philosophie (cum concessivum). k) Oft sagte sie ihnen: „Auch wenn ihr glaubtet, die Pflicht der Frau sei es zu weben, lebe ich ganz ausgezeichnet, wo ich mich ganz der Weisheit verschrieben habe" (cum concessivum).

28.6 Herzblatt

Geschmeichelt oder nett: pulcherrima, egregia, sapientior quam Socrates, prudentissima, probissima puella urbis, optima, divina, mira, humanior, honesta, iucundior sole. // Beleidigend oder nicht nett: durior, firmissima omnium puellarum, vehementior, timidior quam ego, superbior, stultior, saevior quam bestia, fidelior quam Claudia, peior; improbissima puella, quam cognovi // Unzutreffend (vgl. Einleitung: Cornelia ist temperamentvoll.): tranquilissima, placida.

28 W 1 Pc finden
gleichz.: admiranti, caedenti, discentis, cessantes, proficiscentes, hortantes, scribentibus, arbitrantibus.
vorz.: erepto, precati, tractos, admiratos, nata, rupti, consecutus, monstratum.

28 W 2 Pc gefüllt
Hypatia Alexandriae nata // pater filiam bene educens // Hypatia a discipulis dilecta // Hypatia in foro orationes optimas habens // femina minore voce usa // discipuli mulierem libenter audientes // homines Hypatiam sapientem esse arbitrantes.

28 W 3 Pc übersetzen
Nachdem Hypatia in Alexandria geboren worden war // Weil der Vater seine Tochter gut erzog // Weil Hypatia von ihren Schülern geschätzt worden war // Während Hypatia auf dem Forum ausgezeichnete Reden hielt // Obwohl die Frau leiser sprach // Obwohl die Schüler die Frau gern hörten // Weil die Menschen Hypatia für weise hielten.

29.1 Ablativ-Training
-a, -e, -e, -i, -o, -u; -is, -ebus, -ibus, -ibus, -is, -ibus

29.2 Partizipien-Training
concessis, concedo // relicto, relinquo // pollicentibus, polliceor // concedentibus, concedo // neglecta, neglego // obstante, obsto // desperantibus, despero.

29.3 Satzanfang-Training
a), k), l) als er das erfahren hatte // b) c) i) als das erledigt war // d) nach dieser Rede // e) nach Beendigung des Krieges // f) trotz dieser Erlaubnis // g) aufgrund dieses Beschlusses // h) nachdem das Lager befestigt worden war // m) weil er diese Pläne gefasst hatte.

29.4 Tagebuch
Rom: 1 g) Bei Sonnenaufgang stand ich aus dem Bett auf. 2 h) Als die Klienten kamen, ging ich ins Atrium. 3 c) Nachdem ich die Klienten empfangen hatte, hatte ich viele große Sorgen. 4 a) Als die Sonne im Süden stand, hörte ich auf dem Forum einen Redner. 5 e) Bei Sonnenuntergang kamen Freunde aus dem Nachbarhaus. 6 d) Zu Beginn der Nacht hörte endlich der Lärm auf den Straßen auf.
Landhaus: 1 i) Nach Sonnenaufgang blieben die Fenster noch eine kurze Zeit geschlossen. 2 f) Nachdem ich den Tag hereingelassen hatte, diktierte ich einem Sklaven Briefe. 3 b) Nach dem Frühstück betrachtete ich die Felder und das Haus. 4 l) Als die Sonne im Süden stand, dachte ich über einige Sachen nach, wobei ich unter Bäumen herumspazierte. 5 m) Bei Sonnenuntergang kamen Freunde aus der nächsten Villa. 6 k) Als ich im Bett lag, hörte ich die Vögel singen.

29 W 1 Fragewörter
quis: wer; quid: was; cuius: wessen; cui: wem; quem: wen; ubi: wo; cur: warum; quomodo: wie; quando: wann; quo: wohin; quot: wie viele; quantus: wie groß, wie viel; qualis: wie (beschaffen), was für ein; qui: welcher; quae: welche; quod: welches; quae de causa: weshalb.

29 W 2 Wortfragen
a) novem annos, b) senatores, c) legionibus, d) gentem Pompei, e) magnis muneribus, f) senatus populique, g) in senatu, h) summa ope.

29 W 3 Entscheidungsfragen
a) Hat sich Caesar dem Senat widersetzt? – Restitit. b) Wollte Caesar nicht herrschen? – Cupivit. c) Ist es etwa eine schöne Sache, das Recht zu verletzen? – Non est. d) Zögerte Caesar am Rubikon? – Dubitavit. e) Ist Caesar dem Menschen, der die Trompete spielte, gefolgt oder nicht? – (Secutus) est. f) Schau das Bild mit dem Hund und der Wurst an: Wird der Hund die Wurst schnappen oder auf dem Tisch liegen lassen? – ??

T 29.1 Pronomina
dieser: hic, iste, ille: c) // irgendein/irgendeiner: aliqui, aliquis, ullus, quisquam: b) // derselbe: idem: a) // jemand/ein: quidam: e) // was für ein/welcher: qui: d).

T 29.2 Konjunktiv Perfekt und Plusquamperfekt
a) ne putaveritis: Prohibitiv; b) crediderit: Potentialis; c) – (adeptus erit: Futur II!); d) concessissemus: irrealer Bedingungssatz; e) auxisset: unerfüllbarer Wunsch; f) oboedivissent: unerfüllbarer Wunsch; g) traiecisset: irrealer Bedingungssatz.

T 29.3 Unregelmäßige Steigerung
a) Optimum; b) Pessimismus; c) Minus; d) Plus; e) Maximum; f) Minimum; g) Major; h) pejorativ.

T 29.4 Ablativus absolutus
a) Praeda divisa; b) Stipendio aucto; c) Firmissima fide servata; d) Rubicone flumine a legionibus traiecto; e) Caesare imperante

	Unt.	Ein.	Bei.
temporal	d)		
kausal		b)	
konzessiv			c)
konditional		e)	
modal	a)		

30.1 Wortgitter
→ feram, fertur, tulit, ferebas; ↓ feret, feror, tuli, fer; ← fer, fert; ↑ ferret, fers, fer, latam, tulerim; ↘ fero, ferte, tulissetis, ferebar; ↗ ferrer, ferat, fer; ↖ fer, tulit → Octavianus.

30.2 Cicero über Antonius
1) Warum hat Antonius ein Heer gegen das römische Volk geführt? (duxisset).
2) Welchen Grund hat er, das Vaterland anzugreifen? (haberet). 3) Welche Verbrechen begeht Antonius und hat er schon begangen? (faceret et fecisset). 4) Warum seht ihr nicht, Senatoren, dass er der Feind des Staates ist? (senatores ... viderent).
5) Glaubt ihr etwa, Senatoren, Antonius sei der Hüter der Stadt? (senatores ... crederent). 6) Warum ist er mir gegenüber besonders feindselig? (sibi ... esset).
7) Warum ist Antonius heute nicht in den Senat gekommen? (eo die ... venisset).
8) Flieht er vor mir oder hält er euch zum Narren? (se fugeret ... eos ludos faceret).

30.3 Premiere
a) Gestern, als die Senatsversammlung abgehalten wurde, war auch ich zum ersten Mal dabei (gleichz.). b) Als die Senatoren angekommen waren, wurde das Senatsgebäude geöffnet (vorz.). c) Während sie zu ihren Sitzen gingen, unterhielten sie sich (gleichz.). d) Einer der Senatoren erklärte uns, warum wir zusammengerufen worden waren (vorz.). e) Als Cicero anfing, etwas zu sagen, stand er auf (gleichz.). f) Einige Senatoren stöhnten, weil jener immer ziemlich lange Reden hielt (gleichz.). g) Andere aber waren froh, weil sie schon oft seine ausgezeichneten Reden gehört hatten (vorz.) h) Cicero sagte ungefähr folgendes: „Da Antonius zum Krieg gegen den Staat gerüstet hat, ist er praktisch ein Feind (vorz.). i) Wir aber wollen möglichst schnell handeln, weil wir den Staat retten müssen!" (gleichz.).

30.4 Im Garten
Caecilia in horto laborat. – Sextus apud sororem sedet. – Sanguis de digito cadit. – Murus circum hortum aedificatus est. – Epistula ante statuam iacet. – Faustus per hortum currit.– Cibi praeter statuam feruntur. – Pila trans arborem iacitur. – Gladius inter flores iacet. – Vestigia prope arborem videntur. – Avis in hortum volat.

30.5 Carmina
a) Der Kuckuck und der Esel, die hatten einen Streit, wer wohl am besten sänge.
b) Ich weiß nicht, was soll es bedeuten, dass ich so traurig bin. c) Sagt, wer mag das Männlein sein, das da steht im Wald allein. (Ein Männlein steht im Walde). d) Horch, was kommt von draußen rein. e) Weißt du, wie viel Sternlein stehen ...?

30.6 Definitionen
Wer kein Geld hat, ist arm. // Wer große Macht besitzt, ist mächtig. // Die, die in vergangenen Zeiten gelebt haben, sind alt. // Was (nur) mit großer Mühe vollbracht werden kann, ist schwierig. // Was von allen erzählt werden kann, ist bekannt. // Die, die keine Freuden haben, sind traurig. // Die, die viel Geld haben, sind reich.

30 W 1 Die Wörter
a) admirari: bewundern, staunen; b) frui: genießen; c) imitari: nachahmen; d) loqui: sprechen, sagen; e) morari: sich aufhalten, zögern; f) mori: sterben; g) nasci: geboren werden, entstehen; h) oriri: sich erheben, entstehen; i) pati: leiden, ertragen, zulassen; k) proficisci: aufbrechen, reisen, marschieren; l) sequi: folgen; m) suspicari: vermuten, einen Verdacht haben; n) uti: benutzen, gebrauchen.

30 W 2 Die Formen
a) er/sie versucht; b) du lügst; c) sie haben gebeten; d) sie hat geglaubt/gemeint; e) sie werden fallen; f) wir erlangen; g) sie hatten angegriffen; h) folge

30 W 3 Die Partizipien
a) Als Caesar sich in Spanien aufhielt, beschaffte er sich viel Geld. b) Nachdem Caesar sich in Spanien aufgehalten hatte, war er reich. c) Dadurch, dass Caesar verschiedene Ämter bekleidete, durcheilte er die Ämterlaufbahn. d) Nachdem Caesar andere Ämter bekleidet hatte, erlangte er endlich das Konsulat. e) Die Senatoren hörten, wie Cicero bat, Octavian zu Hilfe zu holen. f) Die Senatoren gehorchten, als Cicero gebeten hatte, Octavian zu Hilfe zu holen.

31.2 Glück oder Pech?
M.: Ich will dir etwas erzählen.
P.: Was du mir erzählen willst, will ich nicht hören.
M.: Vielleicht willst du es später hören?
P.: Weder will ich es später hören noch wollte ich es vorher hören. Ich will lieber nach Hause gehen zu meiner Frau.
M.: Willst du nicht lieber, dass ich dir sage, was du in deinem Haus finden wirst? Wen du finden wirst?
P.: Ich will lieber meine Ruhe haben. Adieu!
M.: Weg ist er. Seine Ruhe wird er nicht genießen können. Gerade wollte ich ihm sagen, dass er seine Frau mit einem Menschen im Bett finden wird.

31.3 Res gestae divi Augusti
Annos XIX natus exercitum privato consilio paravi, per quem rem publicam a paucis potentibus oppressam liberavi. // Ad me rex Parthorum filios suos misit in Italiam non bello superatus, sed amicitiam nostram petens. // Bellis civilibus exstinctis rem publicam senatui populoque Romano reddidi.
Im Alter von 19 Jahren beschaffte ich aus privatem Entschluss ein Heer, durch das ich den Staat, der von wenigen Mächtigen unterdrückt wurde, befreit habe. // Zu mir schickte der Partherkönig seine Söhne nach Italien, nicht weil er im Krieg unterworfen worden war, sondern weil er unsere Freundschaft suchte. // Nachdem die Bürgerkriege beigelegt waren, habe ich den Staat dem Senat und Volk von Rom zurückgegeben.

31.4 Nach Caesars Tod
a) Augustus Caesarem interfectum aegre tulit. b) In Aegyptum fugiens Antonius hostem se praebuerat. c) Ante Alexandriam urbem captam Augustus tutus non erat. d) Etiam post Antonium victum Augustus curis non vacabat.

31.5 Bevölkerungsentwicklung
a) 4063000 Einwohner i. J. 28 v. Chr. b) 4233000 Einwohner i. J. 8 v. Chr. c) 4937000 Einwohner i. J. 14 n. Chr.

31 W 1 Die Funktionen und ihre Bezeichnungen
die Aufforderung an andere Personen (iussivus); die Aufforderung an die eigene Gruppe (adhortativus); das Verbot (prohibitivus); die Möglichkeit (potentialis); die Unmöglichkeit (irrealis); den Wunsch (optativus); die überlegende Frage (deliberativus).

31 W 2 Funktionen erkennen

a) Senatoren und Ritter haben beinahe keine Kinder. Wenn doch mehr Kinder in diesen Ständen geboren würden! (optativus) b) Aber nun sind nur noch wenige adlige Familien übrig. Was sollen wir machen? (deliberativus) c) Wenn ihr, Senatoren, nicht so wenige Kinder hättet, hätte ich die Iulischen Gesetze nicht eingebracht. (irrealis) d) Ich wünsche, dass unsere Stadt wächst. Sie soll die Herrin der ganzen Welt sein! (optativus) e) Lasst sie uns zur Herrin der Welt machen! (adhortativus) f) So eine kleine Zahl Adliger kann dies wohl kaum schaffen. (potentialis) g) Senatoren, lasst den Mut nicht sinken! (prohibitivus) h) Erfüllt eure Männerpflichten! (iussivus).

32.1 Formen erkennen mit Gewinn

pistrix; caupona; textrix; obstetrix; divinatrix.

32.2 Was macht man woraus?

b) Venenum herbis fit. c) Liber papyro fit. d) Carmina versibus fiunt. e) Statuae marmore fiunt.

32.3 In der Kürze liegt die Würze

parentibus comitibus: in Begleitung der Eltern // matre invita: gegen den Willen der Mutter // sua sponte: aus eigenem Antrieb // senatu auctore: auf Veranlassung des Senats // amicis ducibus: unter Führung der Freunde // me puero: in meiner Kindheit // salvo officio: ohne Verletzung der Pflicht // coniuge viva: zu Lebzeiten der Gattin.

32.5 Ein langes gemeinsames Leben

1 d) Wir verlobten uns in den Zeiten, als der Staat (noch) frei war. 2 c) Du verlorst (genau) zu der Zeit deine Eltern, als ich in der Provinz war. 3 a) Damals, als der Bürgerkrieg ausgebrochen war, hofften und fürchteten wir viel. 4 b) Du hast mir viel geholfen, als ich gezwungen war, die Stadt zu verlassen.

32.6 Eine internationale Familie

Latein	Französisch	Italienisch	Spanisch
FAMILIA	la famille	la famiglia	la familia
PATER	le père	il padre	el padre
MATER	la mère	la madre	la madre
FILIUS	le fils	il figlio	el hijo
FILIA	la fille	la figlia	la hija

1. è – 2. -ille – 3. -gli-; j – 4. h.

32 W 1 nd-Formen

1. die Kunst zu erzählen; 2. Furcht, hineinzugehen; 3. begierig zu klagen; 4. erfahren (darin), die Feinde anzuklagen; 5. um zu verwalten; 6. um sich zurückzuziehen; 7. um der Tochter zu raten; 8./9. um zu beraten/um Rat zu fragen; 10. um zu strafen/rächen; 11. um den Sold zu erhöhen; 12. zum Vergleich; 13. bereit zu schaden; 14. geeignet zum Regieren; 15. schwierig zu erreichen; 16. angenehm zu wiederholen; 17. beim Helfen; 18. auf dem Rückweg; 19. im Vorbeigehen; 20. beim Nachdenken; 21. durch Nachahmung; 22. durch langes Bitten; 23. dadurch, dass er/sie den Freunden vertraut/vertraute; 24. durch schlechte Behandlung

33.1 Formen erkennen

stipendium: Sold; quando: wann; condo: ich gründe; incendis: du zündest an; inde: von dort, dann, daher; mandas: du übergibst; mundus: Welt, Weltall; nondum: noch nicht; ostendo: ich zeige; pependi: ich habe gehangen; pondus: Gewicht; quendam: jemanden; respondi: ich habe geantwortet; tandem: endlich; unde: von wo; vendo: ich verkaufe.

33.2 Deutsche Rechtschreibung mit Latein

Terrasse (terra); Kollekte (colligere, PPP collectum); aggressiv (aggredi, PPP aggressum); Konkurrenz (concurrere); imitieren (imitari); Militär (miles, militis); intelligent (intellegere); Differenz (differre); Korruption (corrumpere, PPP corruptum); interessant (interesse); appellieren (appellare); Effekt (efficere, PPP effectum).

33.3 Wie viel Mann?

a) Man muss wissen, dass in einer Legion 10 Kohorten sein müssen. b) Aber die erste Kohorte übertrifft die übrigen sowohl in der Anzahl der Soldaten als auch an Ansehen. c) Sie übernimmt nämlich den Adler, der das höchste Zeichen im römischen Heer ist. d) Sie hat 1105 Fußsoldaten und 132 Reiter und wird Tausender-Kohorte genannt; e) sie ist der Anfang der Legion; von ihr aus beginnt, wenn gekämpft werden muss, die erste Schlachtreihe sich aufzustellen. f) Die zweite Kohorte hat 555 Fußsoldaten und 66 Reiter und wird Fünfhunderter-Kohorte genannt. g) Andere Kohorten haben ebenso 555 Fußsoldaten und 66 Reiter. h) Aus diesen 10 Kohorten besteht eine volle Legion; i) sie hat 6100 Fußsoldaten und 726 Reiter.

33.4 Viel zu tun

a) Discipulis verba magistri audienda sunt. b) Liviae tabula capienda est. c) Quinto multae sententiae scribendae sunt. d) Marco res gestae Augusti laudandae sunt.

33.5 Passen Frauen und Männer zusammen?

Metellus Numidicus hielt vor dem Volk eine Rede über die Ehe. In dieser Rede ermahnte er dazu, Ehen einzugehen; er sagte: „Wenn wir ohne Frau unser Leben führen könnten, würden wir alle diese schwere Last vermeiden. Die Natur hat aber überliefert, dass wir weder mit ihnen einigermaßen bequem noch ohne sie überhaupt leben können. Also muss für eine möglichst glückliche Ehe gesorgt werden." → conubium

33 W 1 Kasus

a) die Stadt sehen (Akk.); b) der Mutter antworten (Dat.); c) den Sklaven Geld versprechen (Dat. + Akk.); d) die Freunde vergessen (Gen.); e) die Burg einnehmen (Abl.).

33 W 2 Wortarten und Konstruktionen

Richtig sind: Substantiv, Infinitiv, Aci, Begehrsatz, Pronomen.

33 W 3 Anwendung

a) Eines Tages entstand in einem römischen Lager ein Aufstand. b) Die Soldaten befestigten das Lager nicht mehr (castra). c) Sie wollten den harten Kriegsdienst nicht mehr ertragen (militiam duram) (ferre). d) Was machten sie dann? (quid). e) Sie gehorchten den Centurionen nicht (centurionibus). f) Sie schickten ihnen Boten (nuntios) (eis). g) Diese forderten, den äußerst harten Kriegsdienst zu erleichtern (ut militia durissima levaretur). h) Sie schrien, der römische Staat liege in den Händen der Soldaten (rem publicam Romanam in manibus militum sitam esse). i) Alle Soldaten vergaßen ihre Pflichten (officiorum). k) Sie benutzten Waffengewalt gegen die Centurionen (vi et armis).

T 33.1 ferre

fero – ferebar (Imperf.); fers – fereris (Fut.I); fert – lata erat (Plpf.); ferimus – feremur (Fut. I); fertis – ferimini (Präs.); ferunt – lati sunt (Perf.); Übrig ist ferri (Inf. Präs. Pass.).

T 33.2 velle, nolle, malle, fieri

factum est – noluerit; volo – nolim; vis – malis; malunt – fiant; nolebat – fieret; voluistis – facti sitis; noluerunt – maluerint; maluerant – voluissent.

T 33.3 Indirekte Fragesätze und Zeitverhältnis

a) quanta esset crudelitas Antonii (gleichz.). b) num senatores crederent eum virum bonum esse (gleichz.). c) Cur Antonius tantas iniurias fecisset (vorz.). d) cur ad id tempus nihil contra Antonium factum esset (vorz.). e) quando Antonius coeperit bellum in patriam inferre (vorz.). f) cur nemo naturam eius perspiciat (gleichz.). g) utrum stulti sitis an inimici libertatis (gleichz.).

T 33.4 nd-Formen I

bei der Belagerung – bei der Belagerung der Stadt – um zu schreien – um die Brüder zu rufen – begierig zu herrschen/herrschsüchtig – begierig, den Staat zu lenken.

T 33.5 nd-Formen II

a) Seditio Germanico coercenda erat. b) Primum liberi servandi erant. c) Tum autem Germanicus constituit etiam feminas ad Treveros portandas √ esse. d) Sciebat enim quietem in castris sibi restituendam √ esse.

a) Germanicus musste den Aufstand beilegen. b) Zuerst mussten die Kinder gerettet werden/musste er die Kinder retten. c) Dann aber beschloss Germanicus, auch die Frauen müssten zu den Treverern gebracht werden. d) Er wusste nämlich, dass er die Ruhe im Lager wieder herstellen musste.

34.2 Die Vergangenheit

a) dat – er/sie gab; b) dedit – er/sie übergab; c) offert – er/sie bot an d) obicit – er/sie warf entgegen; e) obstat – es war hinderlich; f) suscipit – er/sie unternahm; g) sustinet – er/sie hielt aus; h) procedit – er/sie ging vorwärts; i) prodit – er/sie verriet; k) prodest – es nützte; l) progreditur – er/sie ging vorwärts.

34.3 Das Standbild des Kaisers

P.: Ich bin gekommen, um das Standbild Caesars, des Kaisers im Tempel aufzustellen.
I.: Schände nicht den hochheiligen Tempel unseres Gottes!
P.: Wieso beklagt ihr euch? In allen Provinzen, in jeder Stadt werden nicht nur die Götter mit Opfern verehrt, sondern auch der Caesar.
I.: Wir dulden kein Bild im Tempel, nicht einmal eines unseres Gottes; auch an anderen Orten haben wir keine Bilder, weder von Gott noch von irgendeinem Menschen.
P.: Wenn ihr das Standbild des Kaisers nicht annehmt, verachtet ihr den Kaiser selbst. Das ist Aufruhr!
I.: Wir wollen keinen Aufruhr anzetteln, im Gegenteil opfern wir dem Caesar täglich. Aber du wirst das ganze Volk töten müssen, bevor du sein Standbild im Tempel aufstellen kannst!

34.4 Sehr witzig!

Ein Jude steht an der Mauer des Tempels von Jerusalem und beklagt sich: „Wehe, Gott! Was soll ich machen? Mein Sohn, den ich immer im jüdischen Glauben erzogen habe, wird Christ." Gott antwortet aus dem Himmel: „Weine nicht! Auch mein Sohn ist Christ geworden." Der Jude aber fragt: „Und was hast du gemacht?" – Ich habe ein neues Testament (das neue Testament) geschrieben."

34.5 Tempel-Quiz

Vulcanus

34 W 1 Allerlei Fragen

a) Wer wollte Jerusalem erobern? b) Welcher Teil der Stadt wurde als letzter erobert? c) Welches Gebäude war mit sehr starken Mauern befestigt? d) Mit welchen Werkzeugen versuchten die Römer, die Mauern zu brechen? e) Warum gelang das nicht? f) Was machten sie dann? g) Welche Gebäude wurden vom Feuer ergriffen? h) Welche Soldaten griffen mit Schwertern an? i) An welchem Tag wurde der Tempel schließlich erobert?

34 W 2 Allerlei Reden

a) aliquis – quis (a); b) quicquam – quid (f); c) quaedam – quae (g; Nom. Pl. Neutr.); d) quae – quae (b; Nom. Sg. Fem.); e) qui – qui (h); f) quibusdam – quibus (d); g) quod – quod (c); h) eadem – qua (e); i) eodem – quo (i)

a) Jemand hat meine Beute weggeschleppt! b) Ich habe nichts gesehen. c) Einige Gebäude sind noch nicht geplündert. d) Ist etwa ein Teil der Stadt noch nicht erobert? e) Die Juden fürchten, dass einige Soldaten ihre heiligen Bücher rauben. f) An bestimmten Orten sind noch große Mengen Gold oder Geld übrig. g) Wenn ich etwas Gold finde, werde ich die Not meiner Familie lindern. h) Aus demselben Grund bin auch ich Soldat. i) Auf dieselbe Weise sind schon viele reich geworden.

34 W 3 Allerlei Wendungen

a) Kommt etwa jemand? b) Kaum jemand kommt. c) … damit niemand kommt. d) Es könnte jemand sagen. e) Ich habe niemals etwas gesehen. f) Wenn du etwas siehst, … g) Ich sehe aber nichts.

35.1 (Fast) dasselbe
aliqui contendunt – sunt, qui dicant: einige sagen/behaupten; quidam putabant – erant, qui arbitrarentur: einige glaubten; quidam timent – sunt, qui metuant: einige fürchten; nonnulli demonstrant – sunt, qui explicent: einige erklären/zeigen.

35.2 An Imperial Wall
hospes: Gast, Gastgeber; fructus: Frucht, Nutzen; nobilis: berühmt, vornehm; reditus: Rückkehr; eques: Reiter, Ritter; vates: Seher, Seherin; amplus: geräumig, bedeutend; diripere: zerstören, plündern; suspicio: Verdacht; cohors: Kohorte; suadere: überreden, raten; creber: zahlreich, häufig; natio: Volk, Volksstamm; tyrannus: Gewaltherrscher; foedus: Bündnis, Vertrag → Publius Aelius Hadrianus

35.3 Britons and Britain
a) Einige sagen, die Einwohner Britanniens seien aus Belgien gekommen. b) Einige schreiben, alle Britannier färbten sich mit Waid. c) Niemand sagt, dass der Himmel Britanniens, der wegen häufiger Regengüsse scheußlich ist, ihm gefalle. d) Einige behaupten, die Britannier bereiteten aus gewissen Kräutern und heißem Wasser ein Getränk.

35.4 How many Britons?
d – e – b – a – c

35.5 Very British? Very Latin!
save – salvus // gracious – gratia // long – longus // noble – nobilis // victorious – victoria // glorious – gloria // reign – regnare.

35.6 Lagerromantik?
1. Wozu dient ein Lager?
a) Richtig. b) Falsch, denn: nihil enim tam necessarium est in bello. Richtig ist: Nichts ist im Krieg so wichtig (wie der Bau der Lagers). c) Falsch, denn: milites dies noctesque agunt. Richtig ist: Die Soldaten verbringen dort Tag und Nacht. d) Richtig.
2. Wo soll man ein Lager anlegen?
e) Falsch, denn: tuto semper facienda sunt loco. Richtig ist: Ein Lager sollte immer an einem sicheren Platz aufgebaut. werden. f) Richtig. g) Falsch, denn: cavendum est, ne mons sit propinquus aut collis altior, a quo adversarii tela iacere possint. Richtig ist: Man muss sich davor hüten, keinen Berg oder höheren Hügel in der Nähe zu haben, damit die Feinde nicht von dort aus das Lager beschießen können. h) Richtig.

35 W 1 Eingangstest
a) Positiv; b) -ius, -(i)or; c) -issimus, -illimus, -errimus; d) der 3.; e) der o-/a-; f) die meisten.

35 W 2 Anwendung
a) peior: schlechter; gratior: dankbarer, angenehmer; gratia: Dank; nobilior: berühmter; progredior: ich gehe vorwärts; minor: kleiner; asperius: rauer, strenger; gladius: Schwert. b) laetissimus: der fröhlichste; promissus: vorausgeschickt; pauperrimus: der ärmste; proderimus: wir werden nützen; facillimus: der leichteste; tranquillus: ruhig; minimus: der kleinste; ultimus: der letzte, äußerste. c) Unterschiedliche Lösungen möglich. d) citius: schneller (cito); diutissime: am längsten (diu); saepius: öfter (saepe).

36.1 Geschickt
S. Vokabelverzeichnis; diese Wörter sind neu: emittere: ausschicken; immittere: hineinschicken; submittere: hinablassen.

36.2 Die Pflichten des Statthalters
a) administrandam – Trajan gab Plinius eine Provinz zu verwalten. b) implenda – Gern unternahm es Plinius, die Pflichten seines Amtes zu erfüllen: c) facienda – Er sorgte dafür, dass die Opfer für die Gesundheit des Kaisers richtig gebracht wurden. d) perficienda – Er ließ für einige Bürger Reisepässe ausstellen. e) ornandam – Er sorgte mit schönen Gebäuden für die Verschönerung einer Stadt.

36.3 Baupläne
a) aedificaturus (Plinius) – Plinius kaufte in der Nähe der Stadt Tifernum einen Acker, um einen Tempel zu bauen. b) erecturum (Plinium) – Aber eine Krankheit und die Sorgen der Pflicht hielten Plinius, der den Tempel bald bauen wollte, lange davon ab. c) ornaturus (Subjekt: Plinius) – Obwohl er den neuen Tempel mit einer Statue Trajans schmücken wollte, bat er den Kaiser, ihm das zu erlauben. d) praestaturo (amico) – Dies erlaubte Trajan seinem Freund, der ihm eine Ehre erweisen wollte. e) aedificaturus, visurus (Plinius) – Dann reiste Plinius nach Tifernum, um den Tempel zu bauen und seine Villa zu besuchen.

36.4 Geheimnisse der Schönheit I
a) Die Herrin sitzt in einem Sessel. b) Eine Sklavin frisiert ihre Haare. c) Eine andere Sklavin bringt Wasser. d) Die dritte Sklavin hält ein Kästchen. e) Die Lieblingssklavin wendet weiße Schminke an. f) Sie gießt auch ein wenig Parfüm auf die Herrin. g) Schließlich hält die letzte Sklavin ihr den Spiegel hin.

36.5 Geheimnisse der Schönheit II
b) servam quandam – ornantem. c) aliam servam – apportantem. d) tertiam servam – tenentem. e) servam gratissimam – adhibentem. f) eam – fundentem. g) ultimam servam – praebentem.

36.6 Latein beim Arzt
Läsion: Verletzung (laedere); Ruptur: Verletzung, Riss (rumpere); commotio: Bewegung, Erschütterung (commovere); Mobilität: Beweglichkeit (movere); Reposition: Richtigstellung (re- + ponere).

36.7 Fünfmal ein Dutzend Zahlen
Latein: unus, duo, tres, quattuor, quinque, sex, septem, octo, novem, decem, undecim, duodecim // **Französisch:** un, deux, trois, quatre, cinq, six, sept, huit, neuf, dix, onze, douze // **Italienisch:** uno, due, tre, quattro, cinque, sei, sette, otto, nove, dieci, undici, dodici // **Spanisch:** un, dos, tres, cuatro, cinco, seis, siete, ocho, nueve, diez, onze, doze // **Portugiesisch:** um, dois, três, quatro, cinco, seis, sete, oito, nove, dez, onze, doze

36 W 1 Sil-ben-rät-sel
Gen. qualitatis – Eigenschaft. // Gen. possessivus – Besitzer. // Gen. subiectivus – Verursacher // Gen. partitivus – Zugehörigkeit zu einer Menge // Gen. obiectivus – Betroffener.

36 W 2 Anwendung
a) Plinius fuhr nach Nikomedia; es war eine eintägige Reise. (qual.); b) Dort wohnte er im Haus eines Freundes. (possess.); c) Hoffung auf angenehme Gespräche hatte ihn hergeführt. (obi.); d) Am nächsten Tag besichtigte Plinius alle Teile der Stadt. (part.); e) Später schrieb er an Kaiser Trajan einen Brief und erwartete seine Beschlüsse. (subi.)

36 W 3 Der Sonderfall
a) Es ist Aufgabe eines Prokonsuls, eine Provinz zu verwalten. (richtig); b) Es ist Aufgabe eines Prokonsuls, über viele Dinge zu zweifeln. (falsch); c) Es ist Aufgabe eines Prokonsuls, öffentliche Bauwerke zu inspizieren. (richtig); d) Es ist Aufgabe eines guten Prokonsuls, die politischen Pflichten zu vernachlässigen (falsch); e) Es ist Aufgabe eines guten Prokonsuls, seine Macht klug zu gebrauchen. (richtig)

37.1 Im Verhör I
a) (quisquis) Wer auch immer gesagt hat, dass wir den Diebstahl begangen haben, hat gelogen! b) (cuicumque) Wem auch immer das Gold fehlt, wir haben ihm das Gold nicht geraubt! c) (quoscumque) Wen auch immer die Zeugen gesehen haben, wir waren es nicht! d) (quacumque) In welcher Nacht auch immer der Diebstahl geschehen ist, wir haben im Bett geschlafen! e) (quoquo modo) Wie auch immer die Sache erscheint, wir sind unschuldig! f) (quaecumque) Alles, was wir tun, ist ehrenhaft und gut! g) (quidquid) Was auch passiert ist, glaubt uns!

37.2 Juristenlatein
auf den ersten Blick – prima facie // direkt zur Sache – medias in res // in Abwesenheit – in absentia // Stand der Dinge – status quo // hier und jetzt – hic et nunc // äußerstes Mittel – ultima ratio // im Werden begriffen – in statu nascendi // dem Gesetz nach – de iure // tatsächlich – de facto // Es soll Gerechtigkeit walten! – Fiat iustitia!

37.4 Sprichwörter
Faber est suae quisque fortunae. – Jeder ist seines Glückes Schmied. // Suum quisque noscat ingenium. – Jeder soll seine Begabung erkennen. // Suum cuique. – Jedem das Seine! // Proprium suum cuiusque munus est. – Jeder hat seine eigene Aufgabe. // Prudentissimus quisque rem publicam administret. – Gerade die Klügsten sollen den Staat verwalten.

37.5 Im Verhör II
a) (ea) Das, was ich von jener Nacht noch weiß, will ich offen sagen. b) (eos) Ich habe die gehört, die den Diebstahl begangen haben. c) (eos) Die, die ich sah, kannte ich nicht. d) (id) Das, was sie trugen, schien mir schwer zu sein. e) (eos) Die, die ich reden hörte, hielt ich für Jugendliche. f) (ei) Dem, dem die Sache gehört hatte, sagten sie freche Worte. g) (ea) Das, was sie gesagt haben, möchte ich nicht wiederholen.

37 W 1 Kurze Pfeile – lange Pfeile
a) [Iustinianus] optavit, ut [multi iuvenes] eruditos se ostenderent.
b) [Iustinianus] hortatus est, ut [iuvenes] summa ope decreta sua acciperent.
c) [Iustinianus] speravit [quam plurimos iuvenes] se audituros.
d) [Iustinianus] scripsit [leges] iuvenibus a se discendas esse.
e) [Iustinianus] explicavit [homines] per se leges novisse non posse.
f) [Iustinianus] metuit, ne [iuvenes] sua sponte studio iuris non intenderent.

a) Justinian wünschte, dass sich viele junge Leute gebildet zeigten. b) J. mahnte, dass die jungen Leute seine Anordnungen mit größtem Eifer aufnähmen. c) J. hoffte, dass möglichst viele junge Leute auf ihn hören würden. d) J. schrieb, dass die jungen Leute von ihm die Gesetze lernen sollten. e) J. erklärte, dass die Menschen von sich aus die Gesetze nicht kennen könnten. f) J. fürchtete, dass die jungen Leute sich aus eigenem Antrieb nicht dem Studium des Rechts widmen würden.

37 W 2 Gleiche Wörter – verschiedene Übersetzungen
a) Justinian schrieb, er wolle den Menschen Gesetze geben. b) J. hoffte, die Menschen würden ihn loben. c) J. hoffte, viele junge Leute würden sich ausreichend gebildet zeigen. d) J. glaubte, das neue corpus iuris civilis werde ihm und dem ganzen Volk nützen. e) Auf Bildern ist Justitia als eine Frau dargestellt, die mit einem Schwert bewaffnet ist: so zeigt sie, dass sie bereit zum Kämpfen ist. f) Justitia fordert, dass alle Menschen, Adlige und Arme, ihr gehorchen. g) Die Menschen hoffen, dass Justitia ihnen Recht sprechen werde.

T 37.1 PFA
a) circumvenire, circumvenio; umringen, umzingeln; b) consumere, consumo; verbrauchen; c) addere, addo; hinzufügen; d) prodesse, prosum; nützlich sein, nützen; e) erigere, erigo; aufrichten, errichten; f) impellere, impello; antreiben, veranlassen; g) omittere, omitto; aufgeben, unerwähnt lassen; h) progredi, progredior; vorrücken, weitergehen; i) auferre, aufero; wegtragen, entfernen; k) procedere, procedo; vorwärtsgehen, vorrücken; l) vincire, vincio; fesseln.

T 37.2 quisque
a) Am Anfang verstanden nicht alle, was geschehen war. b) Bald aber erschraken alle. c) Gerade die Kleinsten wurden in die Rettungsboote geschickt. d) Alle kämpften für

ihr Leben./Jeder kämpfte für sein Leben. e) Jeder versuchte, in die Rettungsboote zu tragen, was er gerade packen konnte. f) Die, für die in den Rettungsbooten kein Platz war, gingen alle unter.

T 37.3 Acp

a) (appropinquantem) Calgacus sah, wie das römische Heer herankam. b) (crepantia, clamantes) Er hörte Waffen klirren und Stimmen rufen. c) (timentes, accendentem) Als er bemerkte, dass seine Männer sich fürchteten, hielt er vor ihnen eine Rede, die sie zur Tapferkeit anstachelte. (attrib. Partizip)

T 37.4 Besonderheiten der Relativsätze

1. a) Wer eine hohe Position besetzt, (Subjekt). b) Was die Leute über ihn sagen, (Subjekt). c) was er über ihn denkt (Objekt). d) der sogar dem Kaiser deutlich seine Meinung sagte: den Hofnarren (erläuternder Rel.-Satz; Subjekt). e) Was auch immer der Hofnarr sagte, (verallgemeinernder Rel.-Satz; Subjekt).
2. a) Qui non vult laborare, (Subjekt). b) quae ego dicam: (Objekt). c) Quicumque cibis eget, (verallgemeinernder Rel.-Satz; Subjekt). d) is, qui umquam inopiam cognoveris (konsekutiver Rel.-Satz). e) quicquid inopia efficit, (verallgemeinernder Rel.-Satz; Objekt). f) qui studio iuris intendere velint neque possint (erläuternder Rel.-Satz). g) quaecumque ad vitam necessaria sunt! (verallgemeinernder Rel.-Satz; Objekt).

a) In der Heiligen Schrift lesen wir: Wer nicht arbeiten will, soll auch nicht essen.
b) Höre du, was ich dir sage: c) Jeder, der das Essen entbehren muss, kann weder arbeiten noch studieren. d) Du bist jemand, der noch nie Not kennen gelernt hat.
e) Die übrigen Menschen sind gezwungen zu erdulden, was die Not ihnen antut.
f) Es gibt welche, die sich dem Studium des Rechts widmen wollen, aber nicht können. g) Gib ihnen, was zum Leben notwendig ist!

38.1 Karls Eigenschaften

Karl war groß/groß gewachsen // hatte ein fröhliches Gesicht // hatte eine laute/klare Stimme // war belastbar // frei von Furcht/furchtlos // wissbegierig/lerneifrig.

38.2 Karls Schreibkünste I

Über Karls Schreibkünste sagten die Menschen Verschiedenes:
a) Karl versuche sich in der Kunst des Schreibens. b) Karl könne nicht einmal schreiben. c) Die zu spät begonnene Sache gehe nicht recht voran. d) Der Kaiser gewöhne seine an Kämpfen gewöhnte Hand daran, Buchstaben zu schreiben. e) Er füge beim Unterschreiben von Briefen nur den letzten und kleinsten Teil des Zeichens hinzu.
f) Er lege Tafeln in sein Bett, um sich auch nachts im Schreiben zu üben.

38.3 Karls Schreibkünste II

a) temptavisse; b) potuisse; c) successisse; d) consuevisse; e) addidisse; f) deposuisse.

38.4 Karls Frieden

Oppida nulla timent rigidi discrimina ferri (b). // Seditio scelerata fugit tristisque tumultus (f). // Proelia cuncta silent, pacem gens omnis amabit (d). // Gentibus una manet cunctis concordia pacis (c). // Nulla timent urbes populique pericula mortis (a). // Nulla bono nostro nunc tempore surgit egestas (e).

38.5 Klöster zu Schulen

a) Die Mönche besitzen viele Pferde. b) Innerhalb der Klostermauern leben viele gelehrte Männer. c) In Klöstern wird nicht nur die Religion, sondern auch die Schreibkunst gepflegt. d) Die Mönche können die Schüler zusammen mit ihren eigenen Kindern erziehen. e) In den Klöstern werden die alten Götter verehrt. f) Gelehrte Mönche sind besonders geeignet, die Jugend zu unterrichten. g) In Klöstern werden Künste und Wissenschaften gepflegt. h) Die Mönche haben keinerlei Verlangen in sich, andere zu unterrichten. → RECTE SCRIBIS

38.6 La vie de ...

EGINHARD (dt. Einhard)

38.7 Reklamation

Die Tochter des Königs Desiderius schrieb ihrem Vater über Karl:
a) Er habe sie nicht gern in sein Haus aufgenommen (eum: Karl; se: Gerperga). b) Er habe mit ihr nur sehr selten gesprochen (eum: Karl; se: Gerperga). c) Auch sie habe sich mit ihm nicht oft unterhalten (se: Gerperga; eo: Karl). d) Oft hätten sie gestritten. (se: beide). e) Niemals seien sie zusammen im Garten spazieren gegangen (se: beide).
f) Seine Freunde hätten sie beneidet und verspottet (eius: Karl; sibi, se: Gerperga).
g) Sie sei sehr unglücklich gewesen und beinahe verzweifelt (se: Gerperga). h) Er habe ihr Aussehen nicht für schön gehalten (eum: Karl; suam: Gerperga). i) Sie habe ihn überhaupt nicht geliebt (se: Gerperga; eum: Karl). k) Sie werde gern in ihre Heimat zurückkehren (se: Gerperga).

38 W De Karoli Magni magnitudine

a) Karl war der Sohn des Frankenkönigs Pippin. b) Nach dem Tod des Vaters wurde Karl König (vorz.; temp.; nominal). c) Nachdem Karl zum König gemacht worden war, vergrößerte sich das Reich (vorz., temp.). d) Weil die Sachsen tapfer Widerstand leisteten, wurde lange gekämpft (gleichz., kaus.). e) Nachdem nicht nur die Sachsen, sondern auch die Langobarden, Mauren und Baiern besiegt worden waren, wurde Karl viel mächtiger (vorz.; temp.). f) Nachdem das Reich vergrößert und Frieden geschaffen war, wurde Karl in Rom zum Kaiser gekrönt (vorz., temp.). g) Als Karl Kaiser war, wurden viele Klöster im Gebiet der Sachsen gegründet (gleichz.; temp.; nominal).
h) Dadurch, dass die Mönche viele große Geschenke erhielten, hatten sie ausreichend Mittel, um die Sachsen zum christlichen Glauben zu bekehren (vorz.; mod.). i) Trotz der Vergrößerung des Reiches gab es keine Hauptstadt (vorz.; konz.). k) Nachdem die Pfalz in Aachen gebaut worden war, benutzte Karl sehr oft die heißen Quellen (vorz.; temp.). l) Durch den Bau der Pfalz in Aachen wollte Karl zeigen, dass er der neue römische Kaiser war (vorz.; mod.). m) Weil Karl eine alte Kirche gesehen hatte, die mit einer Kuppel geschmückt war, wollte er, dass auch die Aachener Kirche mit einer Kuppel überdeckt wurde (vorz.; kaus.). n) Er dachte nämlich: „Wenn die Kirche die alten Tempel an Schmuck übertrifft, werden alle sehen, dass unser Gott größer ist als die alten Götter (gleichz.; kond.). o) Mit Gottes Hilfe werden alle Menschen zum christlichen Glauben bekehrt werden" (gleichz.; kond.).

39.1 Kombiniere

quoscumque homines // alicuius corporis // quibusdam curis // ulla virtus // quascumque societates // aliquam arborem // cuiquam civitati // quocumque sensu.

39.2 Neu hier

Ich werde viel über bestimmte Künste lernen. Zuerst muss ich irgendeinen Lehrer finden. Wenn ich einen Lehrer gefunden habe, wird er mir ein Wohnheim zeigen. In diesem Wohnheim werde ich wohnen können. Dort werde ich irgendwelche Freunde kennen lernen. Sicher werde ich jemanden zum besten Freund wählen. Wenn ich keinen Freund habe, werden die Studien schwierig und traurig sein. Hoffentlich finde ich auch irgendeine Freundin! Ich brauche auch irgendein anständiges Kleidungsstück. Ich fürchte, dass ich mir irgendwelche Bücher kaufen muss. Ich brauche auch irgendeine Feder. Ach, ich Armer! Ich glaube, dass nicht die Klügsten, sondern gerade die Reichsten ohne Sorgen studieren können!

39.3 Lob und Tadel

a) Ich bin überaus geeignet, die freien Künste zu lehren (konsekutiv). b) Zu mir kommen viele, um zu studieren (final). c) Die meisten Studenten sind aber nicht wert, von mir unterrichtet zu werden (konsekutiv). d) Ich verachte die Studenten, weil sie dumm sind (kausal). e) Denn viele Studenten können, obwohl sie lesen können, das Geschriebene nicht verstehen (konzessiv). f) Es gibt auch welche, die ihren Geist mit Wein zerstören (konsekutiv). g) Ich aber war schon immer so, dass ich meine hohe Begabung durch Lesen noch vergrößerte (konsekutiv). h) Deshalb übertreffe ich nun alle griechischen Philosophen, auch wenn sie äußerst weise gewesen sind (konzessiv).

39.4 Latein in der Schule I

gut: minime male, recte, feliciter, valeo ut volo, pulchre. // schlecht: male, parum secunde, infeliciter, longe aliter quam vellem, quam optem hostibus meis.

39.5 Latein in der Schule II

Du lernst zuviel. 18 Semper studes. 8 Studes noctes et dies. 5 Numquam non studes. 20 Tu nihil aliud quam studes. 13 Nullum facis studendi finem neque modum.
Du machst dich über mich lustig. 19 Rides me, ut soles. 9 Nunc ludis tu quidem me. 22 Rideor a te. 21 Nunc me ludos facis.
Warum hast du uns nicht besucht? 14 Quid causae est, quod tam diu nos non viseris? 16 Quid est, cur nos tam raro viseris? 17 Quid accidit, quod nos tam diu non adieris? 15 Quid sibi vult, quod nos iam diu non conveneris?
Ich hatte keine Zeit. 2 Volui quidem, at non licuit mihi per mea negotia.
4 Occupatior fui, quam ut potuerim. 1 Non defuit voluntas, sed vetuit necessitas.
23 Non contigit otium.
Lebe wohl. 7 Bene vale. 11 Cura, ut quam rectissime valeas. 12 Vale, ut dignus es.
10 Vale quam optime. 3 Vale ut meritus. 6 Da operam, ut totus valeas, tum corpore, tum animo.

39.6 Uni-Quiz

Heidelberg

39 W 1 Eine Ansprache

a) Wie ihr wisst, seid ihr jetzt Söhne der Nährmutter (Universität) (Vergleichssatz).
b) Ich ermahne euch, euch immer untadelig zu zeigen (Begehrsatz). c) Studiert sorgfältig, damit der Ruhm der Universität wächst (Finalsatz). d) Erfüllt eure Pflichten so, dass ihr selbst zufrieden seid (Konsekutivsatz).

39 W 2 Noch eine Ansprache

a) Nicht alles ist so, wie der Rektor gesagt hat (Vergleichssatz). b) Einige Studenten trinken so viel Wein, dass sie immer betrunken sind (Konsekutivsatz). c) Sie kaufen den Wein im Wohnheim, um ihn in der Stadt teurer zu verkaufen (Finalsatz). d) Ich werde zusehen, dass auch ihr tüchtige Studenten werdet (Begehrsatz).

39 W 3 Geschichten aus der Studentenzeit

a) Durch den Verkauf von Wein haben wir uns viel Geld verschafft, wie ich mich erinnere. b) Trotzdem haben wir unsere Eltern gebeten, uns mehr Geld zu schicken (Objekt). c) Wir haben so viel Wein gekauft, dass kein Geld mehr übrig war, um Bücher zu kaufen (Adv.). d) Oft sind wir aus dem Wohnheim herausgegangen, um schöne Mädchen zu sehen (Adv.).

40.2 Die Sonne der Erkenntnis

dicitur: man sagt – iudicata est: es wurde geurteilt – feruntur: es wird überliefert – videtur: es scheint – existimabantur: man glaubte – traditur: es wird überliefert – intellecta est: man bemerkte – putabantur: man glaubte.

40.3 Meinungen

a) Im Mittelalter hielt man Mädchen nicht für so klug wie Jungen. b) Angeblich waren Männer klüger als Frauen. c) Nach der Überlieferung waren nur wenige Frauen in den freien Künsten gebildet. d) Johanna wurde von allen für einen Mann gehalten.
e) Johanna scheint die meisten Menschen getäuscht zu haben. f) Sie soll sogar Geistlicher geworden sein. g) Viele Jahre später wurde sie schließlich als Frau erkannt:
h) Eines Tages soll sie einen Sohn geboren haben.

R 1 Rückblick in Zahlen

a) 3 – 4; b) 40 (+ evtl. 6 Extra-Texte); c) 20; d) max. 390; e) 1537; f) Das weißt du selbst am besten. Normal wären ca. 20%; g) 339 Wörter stehen auf den Vokabelseiten. Aber vielleicht hast du viel mehr gefunden? h) 2100; i) 6. Jh.; k) 14. Jh.

38.4 Karls Frieden

In einem zeitgenössischen Gedicht wird der Frieden gepriesen, den die Welt unter Karls Herrschaft genießen konnte.

1. Ordne jeder Gedichtzeile ihre Übersetzung zu.
2. In jeder Zeile gibt es Kombinationen aus Substantiv und Adjektiv. Kennzeichne die zusammengehörigen Wörter mit derselben Farbe.
3. Du kannst die Gedichtzeilen so lesen, dass du die gekennzeichneten Silben betonst. Du wirst dann sicher bemerken, dass dieses Gedicht zwar keinen Reim, aber einen bestimmten Rhythmus hat.

Oppida nulla timent rigidi discrimina ferri.	______
Seditio scelerata fugit tristisque tumultus.	______
Proelia cuncta silent, pacem gens omnis amabit.	______
Gentibus una manet cunctis concordia pacis.	______
Nulla timent urbes populique pericula mortis.	______
Nulla bono nostro nunc tempore surgit egestas.	______

a) Städte und Völker fürchten keine Todesgefahren.
b) Die Städte fürchten nicht die Gefahren der scharfen Waffe.
c) Allen Völkern steht die eine Eintracht des Friedens bevor.
d) Alle Schlachten schweigen, jedes Volk wird den Frieden lieben.
e) Kein Mangel erhebt sich in unserer guten Zeit.
f) Der verbrecherische Aufstand flieht und ebenso der betrübliche Aufruhr.

38.5 Klöster zu Schulen 

Warum waren gerade die Klöster dazu geeignet, als Schulen zu dienen? – Suche die richtigen Gründe heraus.

a) Monachi[1] multos equos possident.	SOS
b) Intra muros monasteriorum[2] multi et eruditi viri vivunt.	REC
c) In monasteriis[2] non solum religio, sed etiam ars scribendi colitur.	TES
d) Monachi[1] discipulos una cum filiis suis erudire possunt.	TIM
e) In monasteriis[2] dei antiqui coluntur.	MTS
f) Monachi[1] eruditi aptissimi sunt ad iuventutem docendam.	CRI
g) In monasteriis[2] artes et litterae coluntur.	BIS
h) Monachi[1] nullum desiderium in se habent alios instruendi.	NET

Lösungssatz: ____

[1] monachus: Mönch – [2] monasterium: Kloster

38.6 La vie de ...

Bringe die Sätze des folgenden Textes in die richtige Reihenfolge. Du erhältst als Lösungswort den französischen Namen der beschriebenen Person. (Sein deutscher Name ergibt sich, wenn du das G weglässt).

(D) Il est mort dans le monastère de Seligenstadt en 840.
Ille ... mortuus est ... in monasterio[1] ...

(E) Il est né de parents nobles en Franconie vers 770.
Ille ... natus est ... de parentibus nobilibus ...

(H) Il devient un des amis érudits de l'empereur Charlemagne.
Ille ... (werden) ... unus ex amicis eruditis ... imperatoris Karoli Magni ...

(G) Il fait ses premières études dans un monastère à Fulda.
Ille ... fecit ... prima studia ... in monasterio[1] ...

(A) Après la mort de Charlemagne, il travaille pour son fils, Louis.
Post mortem ... Karoli Magni ... (arbeiten) ... filio ...

(I) Baugulf, abbé au monastère de Fulda, l'envoie à la cour de Charlemagne.
abbas[2] ... monasterii ... (schicken) ... (Hof) ... Karoli Magni

(R) Dix ans avant sa mort, il écrit une biographie de Charlemagne, „Vita Karoli Magni".
Decem annis ... ante mortem ... scripsit ... biographiam ... Karoli Magni ...

(N) Il est admis à l'école du palais de Charlemagne, parce-qu'il est très intelligent.
Ille ... admissus est ... in scholam ... palatii ... Karoli Magni ... (weil) ...

[1] monasterium: Kloster – [2] abbas: Abt

L'homme s'appelle _ _ _ _ _ _ _ _.
Homo appellatus est

38.7 Reklamation

Die erste der vier Ehefrauen Karls des Großen war Gerperga, eine Tochter des Langobardenkönigs Desiderius. Er heiratete sie im Jahr 769. Ein Jahr später verstieß er sie; vielleicht, weil sie ihm keine Kinder gebar. – Schreibe, wer jeweils mit den Pronomina gemeint ist: Karl, Gerperga oder beide?

Filia Desiderii regis de Karolo patri scripsit:

a) Eum se non libenter tecto recepisse.	eum	________	se	________
b) Eum secum rarissime locutum esse.	eum	________	se(cum)	________
c) Neque se cum eo saepe sermonem habuisse.	se	________	eo	________
d) Saepe se verbis certavisse.	se	________		
e) Numquam se una in horto ambulavisse.	se	________		
f) Amicos eius sibi invidisse et se irrisisse.	eius	________	sibi, se	________
g) Se miserrimam fuisse et paene desperavisse.	se	________		
h) Eum formam suam pulchram non putavisse.	eum	________	suam	________
i) Se eum omnino non amavisse.	se	________	eum	________
k) Se libenter in patriam redituram.	se	________		

Wiederholung: Ablativus absolutus

Den abl. abs. findest du in **29 G1, 29 G2, 29 G3** und **32 G4.**

38 W De Karoli Magni magnitudine

In jedem der folgenden Sätze – außer dem ersten – findet sich ein Abl. abs.; unterstreiche ihn und bestimme dann das gedankliche Verhältnis zum übergeordneten Satz sowie das Zeitverhältnis.
– Tipp: Du verstehst die Sätze leichter, wenn du dir vorher noch einmal den Informationstext von L 38 durchliest.
+ Bei welchen Abl. abs. handelt es sich um nominale?

	Zeitverhältnis	gedankl. Verhältnis
a) Karolus fuit filius Pippini, regis Francorum[1].	________	________
b) Patre mortuo Karolus rex factus est.	________	________
c) Karolo rege facto imperium auctum est.	________	________
d) Saxonibus[1] fortiter resistentibus diu pugnatum est.	________	________
e) Non solum Saxonibus[1], sed etiam Langobardis[1], Mauris[1], Bavariis[1] victis Karolus multo potentior factus est.	________	________
f) Regno aucto paceque facta Karolus Romae imperator coronatus est.	________	________
g) Karolo imperatore multa monasteria[2] in finibus Saxonum[1] condita sunt.	________	________
h) Multis et magnis donis acceptis monachi[3] satis opium habuerunt ad Saxones[1] ad fidem Christi[4] convertendos.	________	________
i) Imperio aucto tamen non fuit caput[5] ullum.	________	________
k) Palatio[6] Aquis[7] condito Karolus saepissime aquis fervidis[8] usus est.	________	________
l) Palatio[6] Aquis[7] aedificato Karolus se novum imperatorem Romanum esse monstrare voluit.	________	________
m) Ecclesia[9] quadam antiqua, quae tholo[10] ornata erat, visa Karolus etiam ecclesiam[9] Aquensem[7] tholo[10] tectam esse voluit.	________	________
n) Censebat enim: „Ecclesia[9] templa antiqua ornamentis superante omnes videbunt Deum nostrum maiorem esse quam deos antiquos.	________	________
o) Deo iuvante omnes homines ad fidem Christi[4] convertentur."	________	________

[1] Franken, Sachsen, Langobarden, Mauren, Baiern – [2] monasterium: Kloster – [3] monachus: Mönch – [4] fides Christi: der christliche Glaube – [5] caput *(hier):* Hauptstadt – [6] palatium: Pfalz – [7] Aquae, Aquensis: Aachen, Aachener – [8] fervidus: heiß – [9] ecclesia: Kirche – [10] tholus: Kuppel

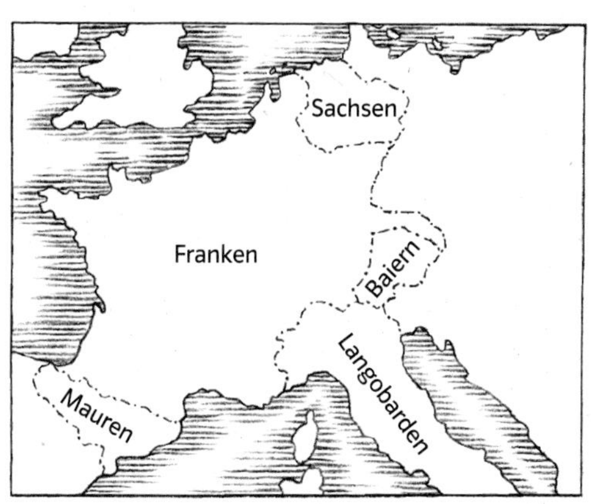

39.1 Kombiniere

Welches Indefinitpronomen passt zu welchem Substantiv?
– Verbinde die Paare miteinander.

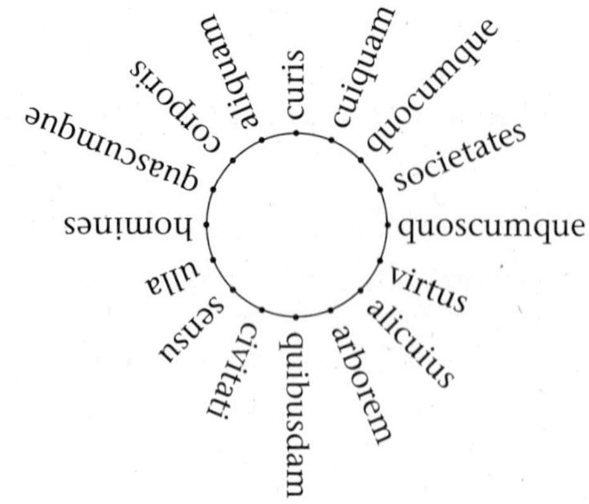

39.2 Neu hier

Ein neuer Student kommt an die Universität. Er muss noch viel organisieren.

[1] bursa: Wohnheim – [2] pinna: Feder – [3] heu: o je!

39.3 Lob und Tadel

Ein Professor führt Selbstgespräche. – Bestimme bei jedem Relativsatz dessen Funktion.

a) Aptissimus sum, qui artes doceam. ________________

b) Multi ad me veniunt, qui studeant. ________________

c) Plurimi autem studentium non digni sunt, qui a me doceantur. ________________

d) Studentes, qui stulti sint, contemno. ________________

e) Multi enim studentes, qui legere possint, scripta non intellegunt. ________________

f) Sunt etiam, qui ingenium vino deleant. ________________

g) Ego autem semper talis eram, qui maximum ingenium legendo augerem. ________________

h) Itaque nunc omnes philosophos Graecos, qui sapientissimi fuerint, supero. ________________

39.4 Latein in der Schule I

Der bedeutende humanistische Gelehrte Erasmus von Rotterdam schrieb 1518 für seinen Neffen Johannes ein Büchlein, das diesem helfen sollte, sich in verschiedenen Situationen lateinisch auszudrücken: der Vorläufer eines Sprachführers. Als Antwort auf die Frage „Wie geht es dir?", schlägt er folgende Möglichkeiten vor. – Kennzeichne jede mit ☺ oder ☹

pulchre

male

feliciter

valeo ut volo

longe aliter quam vellem

ut vales ?

recte

parum secunde

quam optem hostibus meis

infeliciter

minime male

39.5 Latein in der Schule II

Johannes hat sich von seinem Onkel Erasmus für alltägliche Redewendungen eine Fülle verschiedener Möglichkeiten diktieren lassen. Leider sind ihm die Zettel durcheinander geraten. Hilf ihm, sie zu ordnen.

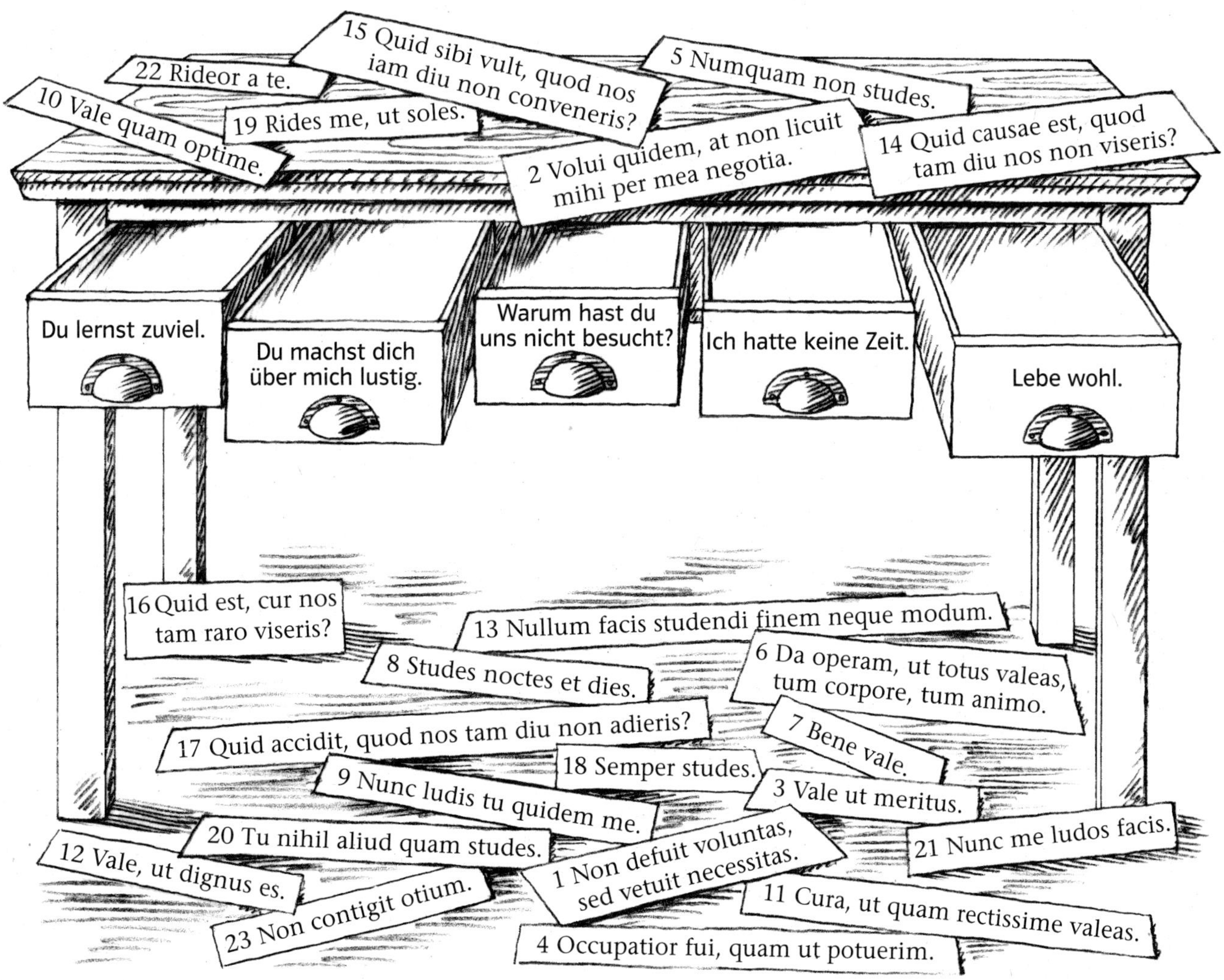

39.6 Uni-Quiz

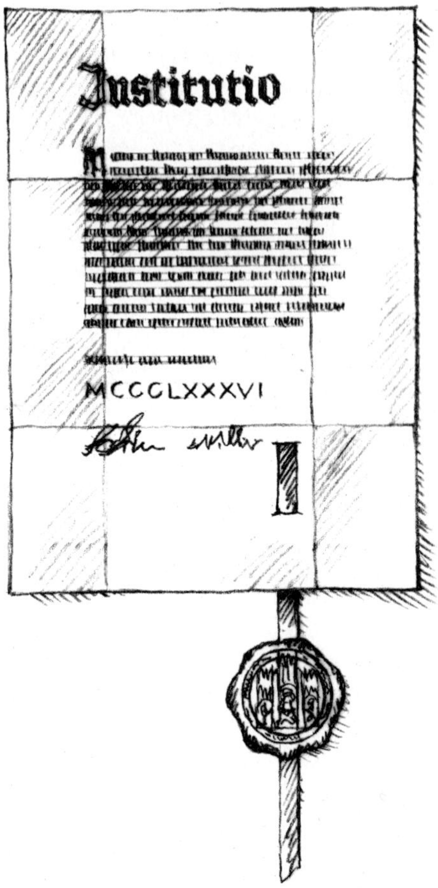

Finde die richtigen Antworten heraus. Als Lösungswort erhältst du den Standort der ältesten Universität auf dem Gebiet des heutigen Deutschland.

1 Auditorium maximum heißt:
- zahlreiches Publikum. (B)
- größter Hörsaal der Hochschule. (H)
- Es gibt viel zu hören. (M)

2 c.t. ist die Abkürzung für cum tempore und bedeutet:
- Viel Zeit mitbringen, der Vortrag wird lange dauern. (R)
- Die Veranstaltung beginnt eine Viertelstunde später als angegeben. (E)
- Der Professor hat im Moment Zeit. (U)

3 s.t. ist die Abkürzung für sine tempore und bedeutet:
- Der Professor hat im Moment keine Zeit. (G)
- Keine Zeit verlieren, die Bibliothek schließt gleich. (N)
- Die Veranstaltung beginnt zur angegebenen Zeit. (I)

4 Alma Mater ist
- ein anderer Ausdruck für Universität. (D)
- eine Mutter namens Alma. (K)
- die erste Frau, die in Deutschland Medizin studieren durfte. (S)

5 Summa cum laude ist
- eine offizielle Belobigung vom Rektor der Universität. (A)
- die beste Note, die man für seine Doktorarbeit erhalten kann. (E)
- ein Fachbegriff aus dem Mathematikstudium. (O)

6 Magnifizenz ist
- die Bezeichnung für einen Wohltäter, der einen Studenten finanziell unterstützt. (V)
- die spöttische Bezeichnung für einen Angeber. (P)
- die offizielle Anrede für den Rektor der Universität. (L)

7 Ein Kolloquium ist
- ein wissenschaftliches Gespräch. (B)
- ein scherzhafter Ausdruck für Toilette. (W)
- die Mannschaftsaufstellung beim Studentenfußball. (J)

8 N.N. ist die Abkürzung von nomen nominandum und bedeutet
- Mir fällt gerade der Name nicht ein. (C)
- Der Name steht noch nicht fest, die Person muss noch benannt werden. (E)
- Das Nomen wird nicht genannt. (Ä)

9 Ein Stipendium ist
- der Verdienst eines Professors. (F)
- der Verdienst eines Studenten, der für seinen Professor arbeitet. (Z)
- eine finanzielle Unterstützung, häufig für besonders begabte Studenten. (R)

10 Als Graecum bezeichnet man
- den Nachweis von Sprachkenntnissen in Altgriechisch. (G)
- den Nachweis von Sprachkenntnissen in Neugriechisch. (M)
- den Fachbereich, in dem man Griechisch studieren kann. (V)

Die gesuchte Universität ist in _ _ _ _ _ _ _ _ _ _.

Wiederholung: ut

Eine Übersicht über die verschiedenen Verwendungsweisen von ut findest du in **24 G4.**

39 W 1 Eine Ansprache

Mit diesen Worten begrüßt der Rektor die neuen Studenten. – Wende auf jeden Satz das Diagramm aus **24 G4** an und bestimme die Funktion der ut-Sätze.

a) Ut scitis, nunc filii Almae Matris[1] estis. ______________________

b) Hortor vos, ut semper integros vos praebeatis. ______________________

c) Studete diligenter, ut fama universitatis[2] crescat. ______________________

d) Officia explete sic, ut ipsi contenti sitis. ______________________

[1] Alma Mater: altes Wort für Universität (eig. „Nährmutter") – [2] universitas: Universität

39 W 2 Noch eine Ansprache

So begrüßt ein älterer Student die Neulinge in der Bursa. – Schreibe zu jedem Satz, ob ut einen Vergleichs-, Begehr-, Final- oder Konsekutivsatz einleitet.

a) Non omnia ita sunt, ut rector[1] dixit. ______________________

b) Nonnulli studentes tantum vini bibunt, ut semper ebrii[2] sint. ______________________

c) Vinum in bursa[3] emunt, ut pluris vendant in civitate. ______________________

d) Videbo, ut et vos studentes probi fiatis. ______________________

[1] rector: Rektor – [2] ebrius: betrunken – [3] bursa: Wohnheim

39 W 3 Geschichten aus der Studentenzeit

Beim Professorenstammtisch erzählt der Rektor seinen Kollegen von der Zeit, als er selber Student war. – Welcher ut-Satz ist Adverbiale, welcher Objekt, welcher keins von beiden? Kennzeichne mit den entsprechenden Satzgliedklammern: <Adverbiale>, (Objekt).

a) Vino vendendo magnam pecuniam nobis paravimus, ut memini.

b) Tamen parentes precati sumus, ut plus pecuniae mitterent.

c) Tantum vini emimus, ut nulla pecunia superesset ad libros emendos.

d) Saepe e bursa[1] excessimus, ut puellas pulchras aspiceremus.

[1] bursa: Wohnheim

40.1 Dialog A

Die Unterhaltung einer gelehrten Frau (Magdalia) mit einem etwas ungewöhnlichen Abt (Antronius) hat sich Erasmus von Rotterdam (ca. 1466–1536) ausgedacht. Du hast die Rolle der gelehrten Frau. – Führt das Gespräch auf Deutsch. Achtung: Die Sätze, die du sagen musst, stehen auf Latein da! Dein Partner kann dir aber Tipps für die Übersetzung geben.

A.: Was sehe ich denn hier für ein Zimmer?
M.: An non pulchrum?
A.: Durchaus ist es schön; sicher aber wenig geeignet für eine vornehme Frau.
M.: Quam ob rem?
A.: Weil alles voller Bücher ist.
M.: Tu, cum vir doctus videaris, numquam vidisti libros in aedibus insignium mulierum?
A.: Das schon, obwohl es sich nicht gehört, dass Frauen gebildet sind.
M.: Nonne mulieri est administrare domum, erudire liberos?
A.: Doch.
M.: An rem tantam existimas administrari posse sine sapientia?
A.: Jedesmal, wenn ich darüber nachdenke, scheint es mir nicht so zu sein.
M.: At hanc sapientiam tum inveni, cum libros legere institui.
A.: Die Bücher nehmen den Frauen die Intelligenz, wo sie doch schon zu wenig davon haben.
M.: Quantum ingenii vobis sit, nescio. Certe malim minimum ingenium meum in bonis studiis consumere, quam in precibus sine mente dictis aut in amplissimis conviviis.

40.2 Die Sonne der Erkenntnis

Die hier vorgestellten Verben können einen Nci bei sich haben. – Trage die passende Bedeutung ein.

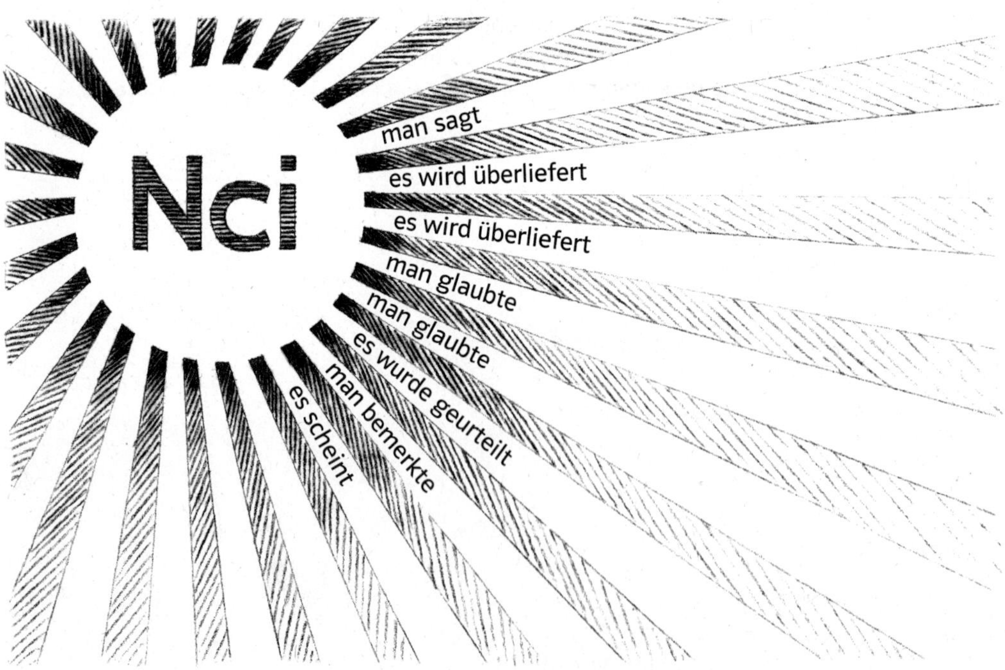

dicitur – iudicata est – feruntur – videtur – existimabantur – traditur – intellecta est – putabantur

40.3 Meinungen

Übersetze die Sätze; versuche nach Möglichkeit, allzu komplizierte Konstruktionen zu vermeiden. Ein paar Tipps findest du im Kasten.

a) In medio aevo[1] puellae non tam prudentes esse quam pueri existimabantur.

b) Viri prudentiores esse quam mulieres putabantur.

c) Paucae feminae in artibus liberalibus[2] doctae esse feruntur.

d) Iohanna ab omnibus vir esse iudicata est.

e) Iohanna plerosque homines decepisse videtur.

f) Etiam clericus[3] facta esse traditur.

g) Multis annis post tandem femina esse intellecta est:

h) Quodam die filium peperisse dicitur.

[1] medium aevum: Mittelalter – [2] artes liberales: die freien Künste – [3] clericus: Geistlicher

halten für – einschätzen als – scheinen – sollen – angeblich – nach der Überlieferung

40.1 Dialog B

Die Unterhaltung einer gelehrten Frau (Magdalia) mit einem etwas ungewöhnlichen Abt (Antronius) hat sich Erasmus von Rotterdam (ca. 1466–1536) ausgedacht. Du hast die Rolle des Abtes. – Führt das Gespräch auf Deutsch. Achtung: Die Sätze, die du sagen musst, stehen auf Latein da! Dein Partner kann dir aber Tipps für die Übersetzung geben.

A.: Quale hic ego cubiculum[1] video?
M.: Ist es nicht schön?
A.: Sane pulchrum; certe parum aptum insigni mulieri.
M.: Wieso?
A.: Cum librorum plena sint omnia.
M.: Obwohl du ein gelehrter Mann zu sein scheinst, hast du noch nie Bücher im Haus vornehmer Frauen gesehen?
A.: Vidi quidem, cum doctas esse mulieres non decet.
M.: Ist es nicht Sache der Frauen, das Haus zu verwalten und die Kinder zu unterrichten?
A.: Est.
M.: Glaubst du, dass eine so wichtige Sache ohne Bildung verwaltet werden kann?
A.: Cum id mecum considero, non arbitror.
M.: Aber diese Weisheit fand ich, als ich begann, Bücher zu lesen.
A.: Libri adimunt multum ingenii mulierum, cum iam parum illis supersit.
M.: Wie viel Verstand ihr Männer habt, weiß ich nicht. Ich jedenfalls will lieber meinen kleinen Verstand für vernünftige Studien verwenden als für gedankenlos aufgesagte Gebete oder ausschweifende Gelage.

[1] cubiculum: Zimmer

Rückblick auf Actio

R 1 ... in Zahlen

Fülle die Felder mit Zahlen; wenn du sie nicht weißt, schätze.

a) annos linguae Latinae studui.

b) fabulas Latinas legi.

c) deos deasque cognovi.

d) exercitationes feci.

e) verba didici.

f) verborum oblitus/oblita sum.

g) verba Germanica cum verbis Latinis comparavi.

h) Fabulae historicae ad spatium annorum pertinuerunt:

i) Res publica libera in saeculo ante Christum natum instituta est,

k) Primae universitates[1] Germaniae in saeculo post Christum natum conditae sunt.

[1] universitas: Universität

R 2 ... in Gedanken

Kreuze an, was für dich zutrifft.

Quot fabulae tibi placuerunt?

☐ nullae	☐ complures	☐ pleraeque	☐ omnes

Quotiens aliis hominibus aliquid e lectionibus Latinis narravisti?

☐ numquam	☐ raro	☐ saepe	☐ paene cottidie

Quam bene linguam Latinam scis?

☐ minime	☐ modice	☐ bene	☐ optime

Putasne linguam Latinam tibi profuturam esse?

☐ non puto	☐ nescio	☐ existimo	☐ pro certo scio

Quotiens verba Latina in vita tua invenisti?

☐ numquam	☐ raro	☐ saepe	☐ paene cottidie

Quid sentis de lingua Latina: estne difficilis?

☐ nimis difficilis	☐ durior	☐ satis facilis	☐ facillima